「弔」怖い話《とむらいのこわいはなし》
六文銭の店

加藤 一

竹書房
怪談
文庫

※本書に登場する人物名は、様々な事情を考慮して一部の例外を除きすべて仮名にしてあります。また、作中に登場する体験者の記憶と体験当時の世相を鑑み、極力当時の様相を再現するよう心がけています。現代においては若干耳慣れない言葉・表記が登場する場合がありますが、これらは差別・侮蔑を意図する考えに基づくものではありません。

本書の実話怪談記事は、『「弔」怖い話 六文銭の店』のために新たに取材されたものなどを中心に構成されています。快く取材に応じていただいた方々、体験談を提供していただいた方々に感謝の意を述べるとともに、本書の作成に関わられた関係者各位の無事をお祈り申し上げます。

端書き

弔いの意義、というものを考えることがあります。

死せるもの、役目を終えたもの、去りゆくもの。そういうものを葬り悼み弔う。多くの場合、それは送られる側が求めるものではなく、残された側、送り出す側が死者と向き合い、納得するための、節目のための儀式だったりします。謂わば、此岸から彼岸への送別式である訳なのですが、これがちゃんとできていなかったり、送り出す側に後ろめたさが残っていたりすると——。そう、皆さんがよく御存知で、恐れていて、それでいて叶うことなら出会いたい、とまで思っている、この世に未練のある方々の大活躍が始まる訳です。

本書では、弔いに関する話、弔いの後に起きた話、弔われた後の人々の話、概ねそういう話をチョイスしています。同時に、初出から十年越しの話と十八年越しの話なども蔵出しです。これらの話もきちんと弔っていかねばなりません。

そう、怪談にも弔いが必要なのです。

でないと、祟るので。

著者

目次

そんなに怖くないタクシー怪談

名前をちゃんと伺わなかったので、〈西条さん〉としておく。

西条さんは御歳八十代後半の後期高齢者であるが、昔の記憶ははっきりしている。

山口県の御出身ながら、長く広島県に住んでいた、という。

お仕事はタクシードライバー。

「今はもう辞めちゃったけど」

運転歴は四十年以上にも及び、六十歳を過ぎても個人タクシーとして鳴らしていたというから、その道の大ベテランであった。

都会のタクシーといえば、ひっきりなしに人が吐き出されてくる駅で客待ちをしたり、幹線道路を流したり。もちろん、予約や呼び出しからの配車送迎もあるが、道を流していても結構客が拾えるものらしい。同業者も多いが、そもそも利用客の人数がとてつもなく多く、流しでも案外やっていける。

対して、地方のタクシー事情は都会のそれとは異なる。

都会と違ってタクシーは道を流さず、基本は営業所待機。送迎注文が入ったら、指定された場所に迎えに行く。このため、地域によってはタクシーとは呼ばず、「営業車」と呼ぶ土地もあるくらいだ。

その他には、病院の付近やショッピングモールの乗り場待機が多い。

駅で客待ちをしないのか？　と訊ねてみると、

「しない訳じゃないけど……まあ、あんまりしないねえ。だって、電車が来ないから」

つい、都会の感覚で駅はひっきりなしに電車が来るものと思い込みがちだが、地方の、それも田舎の駅前となると勝手が違う。

電車は一時間に一本到着があるかどうか。近場に観光地がある訳でもない寂れた町ともなると、近郊の住人は車がなければ暮らしが成り立たず、タクシーを必要とする乗客も然程《さほど》多くはない。というより、ほぼいない。

故に、この地域では駅で客待ちをするタクシーは滅多に見かけない。

この日の西条さんは、営業所待機からの送迎があった。

その客を送り届けて営業所に戻る途中だった。だが、あと半時も待てば電車が一本到着する。タクシーを必要とする客が降りてくるかどうかは分からないが、時間はちょうど正午を過ぎた辺りだったので、このときは休憩がてら客を待ってみる気になった。

駅前には一応客待ち用のタクシー乗り場がある。そこから少し離れた路上に車を停めた。

新聞などを広げているうちに、陽気の暖かさもあって眠くなってきた。

うとうとしていると、ウインドーがコツコツと叩かれた。

——客か？　と、目を覚ます。

すると、冴えない風体の中年男が車内を覗き込んでいた。

慌てて後部座席のドアを開けた。

「どちらまでですか」

そう訊ねると、中年男は〈違う違う〉と手を振った。

「あの、○○の辻って場所、御存知ですか」

中年男はやおら地名を挙げた。

地域の地名は頭に入っているつもりだが、すぐには結び付かない。

「ええと、○○公園？　とかいう公園の近くらしいんですが……」

公園の名前を言われて、ああ、と思い当たった。そういえば、あったな。

とはいえ、公園と言ってもさして特徴のある施設ではない。その公園の周囲も田畑があるくらいのもので、目指していくような施設などあっただろうか。

「ハイ、分かりますよ」

「どのくらい掛かります？」

近けりゃ歩いていこう、という冷やかしだろうか。

「この車で十五分くらいも走れば着けると思いますよ」

「そうですか。じゃあ、頼めますか」

どうぞ、と後部座席のドアを開けて乗り込むのを待っていると、中年男は車の外に突っ立ったまま、財布を開いて札を出してきた。

「これで足りますか」

「え、いやあ、あの……支払いは到着してからでいいですよ」

「いやいや、そうじゃなくて。私は行かないので」

ああ、誰かを迎えに行ってくれ、ということか。

「いやいや、そうじゃなくて」

その〈○○の辻〉とやらに行ってほしい、という。

しかし、自分は乗っていかない。

そこで誰かを拾ってくれ、ということでもない。

意味が分からない。

「いやお客さん、誰も乗せずに走ってお金だけ貰う訳にはいきませんよ」

「いやいや、お金は払うからどうにかお願いします。とにかく、そこまで行ってきてほしいんです」

意図がさっぱり分からなかったが、押し問答の末、中年男はもう数枚札を増やして押し付けてきた。

「釣りは結構です。どうか、頼みます」

中年男は片手を立てて拝むようなポーズを取り、それから深々と頭を下げた。

いやもう、本当に意味が分からない。

結局、西条さんが中年男の熱意に折れる形になった。

解《げ》せないが、賃走分以上の代金を受け取っているので損はない。むしろ、金額的には大幅にお釣りがくる。

「それじゃあ、ハイ。ありがとうございます」

幸い、営業所からの呼び出しも新たな送迎指示もなかったので、西条さんは律儀に賃走に変えて空っぽの車を発車させた。

日は高く、天気もいい。

平日の田舎の道路は空いていてすれ違う車もない。

昼時であるせいか歩行者も見かけない。この辺りには店らしい店もないから、皆それぞれ自宅で昼餉《ひるげ》を摂っているのだろう。

〈○○の辻〉を示す青い標識が見えてきた。

「あそこだな」

田舎にしては、いや田舎だからこそか、そこそこ広い道である。しかし、普段から車通りが殆《ほとん》どないせいなのか、辺りには信号もない。

西条さんは車を道路脇に寄せながら減速した。

客を乗せている訳ではないのだから気を使う必要はなかったのだが、長年のタクシードライバーの習慣がそうさせるのか、ゆっくり減速していく。

熟練のドライバーの妙技というやつで、ドライバーや乗客の頭がシートから離れずに停まるほどの静かな停車である。

と――。

後部座席のドアが開いた。

いや、開けていない。

このドアは運転席から開閉を操作できるが、このときは開けていない。

まるで今し方まで乗り込んでいた乗客が降りていくかのようだった。

しかし、後部座席のドアは勝手に開いた。

営業所に帰るなり、西条さんは営業所長に事故報告をした。

「勝手にドアが開いたんですよ」

別にどうってことはないように思えるが、後部座席のドアが運転手の操作もなしに開くなどあってはならない。もし、客を乗せている走行中に勝手に開いたら、とんでもない事故になりかねない。

だからこれは、重大事故防止のための事故報告だ。

急遽、懇意の整備士に来てもらったが異常はなし。

整備を待つ間、「○○の辻って、最近何かあったかい？」と訊いてみた。

しかし、整備士も営業所長も同僚達もこぞって「特に何もないはずだ」と言う。

最近も過去も目立った出来事はなし。交通事故があれば会社で共有されているはずだし、陰惨な事件だのとはそもそも無縁の平凡平和な土地柄である。

そんな事故や事件があったなら、真っ先にドライバーの間で噂になって西条さんの耳にもとうに入っていたはずだ。

お金だけ貰って、行くふりをするだけでもよかったのでは？　とも訊いてみた。

「うーん、そこは信用問題かな。みんな顔見知りみたいな狭い町だから、下手に断って乗車拒否だなんて悪評になっても困るし、金だけ貰って行ってないってのがバレても困るなあと思って引き受けたんだけど……」

ただ、あの中年男は近隣では見かけない顔だったし、その後も見かけない。

ドアが開いたのもその一度きりで、そんな注文をされたのもそのとき限り。

「貰ったお札は木の葉にもならなかったから、あの中年男は確かに実在したんだろうな……まあ、とにかく変な話だった」

秘密の釣り場

酒匂さんは、若い頃釣りに入れ込んでいた。

一度釣りにハマると、生活の全てが釣りを中心に動くようになる。

週末は必ず釣りに行くので、釣り以外の予定を入れない。

満潮干潮大潮などのカレンダーが自然と頭に叩き込まれる。

釣り仲間が大物を上げたと聞けば、ポイントを聞き出す。

もちろん、誰にも教えない秘密のポイントがないか、絶えず目を光らせるようにもなる。

車を手に入れてからは、その行動範囲は更に広がった。

あるとき、とある漁港へ続く道を走っていた。

山道を越えていかねばならない穴場である。

海に張りだしたカーブを幾つも下っていくうちに、ふと閃いた。

「ここ、いいんじゃないか？」

何がいいのかと言えば、もちろん釣り。

海に張りだしたカーブは、名もない岬のようになっている。

この辺りには砂浜などはなく、張りだしたカーブの先は崖である。崖を下りていけば岩礁が続いているはずだ。

岩礁なら根魚がいるはず。そして、人も寄りつかないような場所であれば、そこはまだ釣り人に荒らされていないパラダイスであるはず。

釣りに全振りした思考から、酒匂さんはそう最適解をはじき出した。

何より、絶対に行けそうな閃きがあった。

車を急ぎ路肩に駐め、ガードレールを越える。

足元も見えないような藪を海がある方向に向かって漕いでいくと、不意に藪が途切れた。

ぽっかりと開けたそこはちょっとした広場ほどもあった。

その広場の先は崖だった。

崖の先には遮るものは何もなく、海、海、海である。

崖の際まで近付いて見ると、浜風に混じって香の匂いが漂ってきた。

海を見晴らすそこに菊の花束があった。

それと、線香が束で。

線香からはまだ煙が上がっている。

ああ、つまり。誰かがここから落ちたんだな。

俺が来る、ほんの少し前に遺族が手を合わせていったんだな。

こういうとき、無闇に手を合わせてはいけない。

誰に聞いたのかは憶えていないが、余計なことはしてはいけない。

だから花束と線香を視界に入れないようにして周囲を見渡した。

そんなことより釣りである。

先行者が「飛び降りた」のか「落ちた」のかは知らないが、当時は釣りのことしか頭になかったので、岩礁に下りられるルートが近場にあるのではないか、と気になった。

そこが「人が落ちた場所かもしれない」或いは「落ちた奴が打ち上げられて発見された場所かもしれない」ということは、全く頭に浮かばなかった。

結論から言うと、崖下に下りるルートは見つけられなかった。

断崖絶壁だったのである。

結局、そのポイントは諦め、再びふうふうと藪を漕いで車に戻った。

藪の距離そのものはそこまで長くはないとは思うのだが、何しろ藪にも道らしい道はなく、これを超えるには相当な苦労があった。行きにも先は見えなかったが、踏んで開削したはずの道は帰りには埋もれていて、車に辿り着くのも一苦労だった。

帰宅後、崖と花束と線香の話を母に語った。

「ああ、あんたそこに行ったの。あそこ、ちょっと前に飛び降りた人いたのよ」

母によれば、飛び降り自殺があった場所だ、という。

なるほど、やはり飛び降りであったか。

あんな場所に花を供えに行くのも大変だろうに——と、そこで気付いた。

藪を結構漕いだよな。

軽装で越えられるような藪じゃなかった。

線香からは煙が上がってたな。火を点けて間もない感じだった。

だから、「遺族か誰か縁者が来たばかりなのだろう」なんて思った。

酒匂さんは記憶を遡り、思考を巡らせる。

あのとき、俺は遺族とすれ違ったか？

あの漕ぐだけでも一苦労の藪で誰かと会ったか？

車を駐めようとしたとき、他の車の痕跡などあったか？

そもそも、だ。

何故、あのときあの場所で「ここから海に下りられそうだ」なんて閃いたんだ？

俺は、何に誘われたんだ？

着物の女

家族旅行の帰り道のこと。

「よかったねえ、お風呂」

「そうだねえ、また行きたいねえ」

助手席の妻と後部座席の娘のはしゃぎ声を聞きながら、大城戸さんはアクセルを踏む。

岩木山の麓、獄温泉郷から弘前岳鰺ケ沢《ひろさきだけあじがさわ》線を東へ。

道なりに進むと、道路左手に大きな白い鳥居が見えてきた。

「わあ、凄いねえ」

妻が歓声を上げた。

「ほら、あそこ見て！　着物の女の人いるよ！」

と、車窓を指差す。

「えっ、何処？」

娘も後部座席の車窓に張り付く。

きょろきょろ見回すが、鳥居前の広場には人影はない。

「そこ。ほら、すぐそこにいるじゃん」

妻は何度も指差すのだが、娘には分からない。

そして、大城戸さんにも分からない。

少しスピードを弛《ゆる》めて徐行したが、やはり分からない。

「いないよ？」

「いるってば。だってすぐそこだよ！　そこに――」

そこで妻は言葉を切った。

それっきり、何も言わなくなった。


いたのよ。着物の女の人。確かにいた。絶対にいた。見間違いとか、絶対にない。

でも、パッて消えちゃった。

観光地には昼間に行け

友人に連れ出された。

「こんな夜中に連れ出してどうしようっての」

「こんな夜中しか時間取れねんだよ。遊びに行こうよぉ」

こんな夜中なので、遊びに行ける先も限られている。店はやってないし、時間の合うような友達もいそうにない。

となれば、することはドライブ。

ドライブと称して、何処とも決めずに真っ暗な道路を走り回るだけの憂さ晴らしである。

地方在住だと車がなければ生活できないが、毎日職場と自宅を行き帰りするだけで同じルートばかり走るのには飽き飽きしている。

出勤時間や客先への待ち合わせ時間を気にして走るのではない、ただただ普段行かないようなところに行く、そこに行くまでの行程を楽しみたい。

「だってよお。こんな夜中に付き合ってくれるような奴、他にいねえんだよお」

当時、友人は独身、自分も独身、仕事はあっても彼女はない。

友人も自分も、仕事終わりはいつだって午前様という有様だったので、何だか憂さ晴らしをしたかった、という気持ちは痛いほどに分かる。

と、うっかり答えてしまったものだから、「そうだろうそうだろう、おまえは分かってくれると思っていた」と、友人の車の助手席に詰め込まれた。

〈何処へ行こうか〉〈何処でもいいよ〉という、倦怠期のカップルのような会話の後、友人は言った。

「じゃあさ、観光地行こうぜ観光地」

車中で馬鹿話を繰り広げつつも向かった先は、国道に沿った山中にある湖だった。

ちょっとしたキャンプ場があって、バンガローコテージだのＢＢＱ場だのが並ぶ。

湖で獲れた淡水魚を塩焼きにして食べさせるお食事処があり、貸しボートがあってカップルのデートにも困らない。

なるほど観光地。

人もたくさんいて、店も賑わっているのだろう。昼間ならば。

如何せん真夜中であるので、人の気配は一切なかった。

店の類には全てシャッターが下ろされ、或いはトタンの鎧戸で塞がれている。

シーズンを外れた平日であるせいか、バンガローにすら明かりはない。

「観光地だなあ」

「……ああ、昼間に来るべき観光地だな」

ずっとハンドルを握ってきた友人が〈疲れちまったから休憩しよ休憩〉とゴネて、車を湖畔の駐車場に駐めた。

エンジンを切って、シートを少し倒した友人は、伸びをしながら言った。

「……ところでさあ。ここ、〈出る〉って噂あるらしいじゃん」

「こういう時間帯にそういう話振る？」

「こういう時間帯だからいいんじゃん。雰囲気出て。何かないのそういう話」

夜中に連れ出しておいてそれかよ、と思った。

そして、少し前に先輩から聞かされた話を思い出していた。

＊

先輩も自分達同様に地方在住の独身社会人だった。

要するに、車はあるが連れ回して許される特定の彼女はいない。と、そういうことだ。

しかしながら、ちょっと仲良くしている気の合う友人ならいた。

自分と違うのは、その「気の合う友人」というのが女性だったことだ。

しかしながら、それは彼女ではなかった。

フリーだと言っていたし、飯や遊びに声を掛ければ付き合ってくれる。だが、何というのか〈友人以上彼女未満〉という奴で、踏み込んだ関係或いは互いを独占し合うような関係には、まだなっていなかった。

仕事終わりの夜中に〈ドライブ行こうぜ!〉と誘って、〈いいね!〉とホイホイ付き合ってくれるのだから、脈はあるはず。そのはずなのだ。

ということで、ぼちぼちこの〈友人以上彼女未満&友人以上彼氏未満〉という関係に終止符を打ってもいい頃合いなのでは! と先輩は覚悟を決めた。今夜の彼のドライブにはそんな思惑がある。

何しろ、今夜は天気がいい。

街中を離れれば空気も綺麗で星空も綺麗だろう。

できることなら、その気になってくれそうなシチュエーションで、尚且《なおか》つあまり人がいない場所がいい。人気のない場所に車で連れていく、逃げ出しにくい条件を作るというのもちょっとズルい気がしたが、きっと許してくれるだろう。

星空の下、ギャラリーがいなさそうな場所で告白。これでいこう。

ハンドルを握りながら、先輩は考えた。

この近辺で光源があまりなさそうな町明かりから遠い場所で、尚且つ車で行けて、そこそこ人がいなくて雰囲気がロマンティックで星空が綺麗に見える場所、って何処だ。

この国道をずっと先まで行けば星空が綺麗に見えるスポットは幾らでもあるのだが、その辺りは走り屋が多い。真夜中であろうとなかろうと、峠道でブンブンキーキーとタイヤを鳴らすことだけが生き甲斐のようなヤンチャな連中である。

そんな連中がたむろするような場所に、彼女未満とはいえ女連れで行くのはあまりよろしくない。

が、そこより手前のあの湖ならどうだ。

昼間はアウトドアレジャー施設で賑わい観光地然としているが、夜なら人気もないだろうし、走り屋の本拠地はそこからまだ大分先のほうである。

夜の湖なら周囲は開けていて明かりもなく、星空もよく見えるはずだ。

ただ、〈出るらしい〉という噂を小耳に挟んではいた。

何が、どういうものが、という話はあまり興味がないので詳しくは知らないが、だとすると肝試しの連中に出くわすことがあるかもしれない。

どうする――？

逡巡したが、平日の夜中ならそんな暇人も来ないだろう、と先輩は結論付けた。
〈出るかもしれない〉のほうについては全く気にしていなかった。
先輩は〈見えないものはいないのと同じ〉という信念の持ち主であった。
霊感とやらはないいし、いないものに怯えても仕方がない。
見えないのだから信じるもへったくれもない。
ということで、湖へ向かう国道に向けてハンドルを切った。

国道からお食事処に併設された駐車場に車を乗り入れた。
明かりらしい明かりと言えば、自販機くらい。
先客は特にないようで、駐車場には先輩の車以外に一台もない。
〈勝った——も同然！〉
と思った。
ドアを開けて車外に出る。
風は然程なかったが、開けた湖面を滑ってきた冷たい空気が頬を撫でていく。
見上げるとそこには満天の星空が広がっていた。
日頃、明かりの多い街中で過ごしていると、空の星など数えるほどしかないような錯覚に囚われるが、光源の殆どない山の中で見る星空を前にすると、その錯覚が吹き飛ぶ。星座を繋いで探そうにも見失いかけるほどの、星、星、星。

「おおっ、星凄いな」

先輩が思わず呟くと、彼女未満の友人も車から出てきた。

「おー、ほんとだ。凄いね、星」

見上げた星空を褒める言葉が続かない。星に飲まれるとはこのことか。

彼女未満の友人が先輩の隣に並ぶ。

「うわ、寒」

湖から不意に吹きつけてきた風に身震いして、二人は互いに身を寄せた。

身体の距離はゼロ距離である。心の距離もほぼゼロと言っていい気がする。

彼女未満の体温を感じながら、先輩は思った。

〈これはもう、彼女未満じゃなく、彼女予定でよくない？　何なら、もう彼女って認識でもよくない？〉

いやいや、言葉にしなければ。

このチャンスを逃すと、もう後はないいんじゃないかな。

先輩は覚悟を決めた。

「あの、さあ」

彼女予定の友人に声を掛ける。

この雰囲気ならいける、と思った。

彼女予定の友人は湖を見つめたままである。

反応なし。

いや、俺の声を聞き漏らしただけかもしれない。ぼんやりしていたとかそういう。

「あのさ、えっと……」

やはり反応なし。彼女予定は無言である。

「あの……聞いて？」

三度、そう声を掛けると、彼女予定は先輩を振り返った。

表情が強張っている。

違ったか？　今じゃなかったか？

しくじったか？　という気分に先輩の脳内が支配されかけたそのとき、彼女予定は小声で言った。

「今の見た？」

「え？」

「聞こえてる？　湖のほう、見た？」

「何？　どうした？」

彼女予定の意図が分からず、聞き返す。

「湖のほうに光が点いて、それから消えたんだけど。湖の真ん中辺りで」

湖の反対側に道路はなく民家も店もない。

そして深夜である。

先輩はあり得べき可能性を考え、言った。

「気のせいじゃない？　何処かの道路灯か誰かのヘッドライトが反射したとか、でなければ、夜釣りの釣り人がボート出してるとか」

怖がる彼女予定を宥《なだ》めて、無難に〈なあんだ〉と得心できそうな口実を並べた。

先輩は見えないものは信じない。

だから、〈出る〉という話も真に受けていない。

怖がる彼女予定に男らしさも見せつけたい。

こうしたシチュエーションに出くわしたとき、女性は「九割九分何もいないかもしれないが、残りの一分に何かいるかもしれない」と考えてその可能性に怯え警戒する。

そして男性は「九割九分何もいないだろうから、残りの一分の可能性もゼロにできる」

と考えて不安を解消して安心を得ようとする。
例外はあるのだろうが、どうにもそのように行動しがちである。
――そして、先輩も彼女が指し示す湖を確かめようとした。
そのとき。
ガサガサガサガサ、ガサガサガサガサガサガサガサガサ、ガサガサガサガサ!!
湖のほうから樹々を揺らす音が聞こえた。
駐車場は湖より一段高い場所にあり、湖を樹々と藪がぐるりと囲んでいる。
音はそこから聞こえていた。
生き物が、樹々の間を歩いている。
藪を漕いでいる。
枝を揺らしている。
概ねそういう音であるように思えた。
「……あの音、何?」
彼女予定の表情は、硬く強張っていた。
あっ、これは俺が問われているんだな。
彼女予定を安心させるような、そういうことを言わなければ。

先輩も突然の物音に少し驚いていたのだが、平静を装い強がった。

「あ、うん。野生動物じゃないかな。鳥とか、狸とかそういう」

できるだけ、遭遇しても怖くなさそうな、対処できそうな大きさの動物を挙げる間にも、物音は続いていた。

ガサガサガサッ。

パキッ。

バザッ。バザバザバザ……バキン。

動き回るその物音が、少なくとも鳥ではないことは明らかだった。

鳥は、枝を踏み折らない。

狸なら藪は漕ぐかもしれないが、やはり枝を踏み折らない。

音がするのだから、たぶん生き物だろう。だが、相応にでかい動物なのではないか。

このへんに熊が出るという話は聞いたことがない。

鹿や猪はいるかもしれないが、遭遇したことはない。

奴等は夜行性か？　いや、彼女予定を守り切れるか？

そう考える間にも、音は先輩と彼女予定のいる場所に近付いてきた。

枝を折り払いながら藪を漕いでいるであろうそいつは、あともう少しすると駐車場の縁に辿り着く。

白い手摺りで仕切られてはいるが、それは柵でも壁でも何でもない。

そんな手摺りを野生動物が乗り越えてくることに、何の障害もない。

この辺りまで来ると、先ほどから聞こえているこの物音が、〈足音〉であることは明確に分かった。恐らくは、二足歩行の。

足元、駐車場と真っ暗な闇に連なる藪の、その境界近くにそれは現れた。

顔。

顔が見える。

足音のする方向の、その闇の中に女の顔がぽつりと浮かんでいる。

妙に色が白い。

辺りに光源はなく、星を見るため車のライトは消していて、先輩達も手ぶらである。

明かりが何処にもないのに、女の顔は白々と闇に浮かび上がっている。

髪は、分からない。闇に溶けてしまっているからだ。

「あれ……おい、あれ」

「うん。顔、だよね。あれ」

先輩が呻き、彼女予定も答えた。

二人とも、同じものを見ている。

先輩は〈そういうもの〉はこれまでに見えた試しがないから、存在を信じていないし、そんな特別な能力は端《はな》からないものと確信している。

でも顔はある。

ということは、それは確かに存在している、ということだ。

だから、生きている人間なのではないか、と少し安堵《あんど》した。

女の顔は、少し大きくなった。

生きている人間の顔が膨張するはずはない。ということは。

「ねえ、あれ……あの顔、近付いてきてない？」

「そ、そそ、そうだな」

生きているのだから、大したことはないはずだ。そうであるはずだと思いたいのに、不安が湧き上がる。

先輩は、次第に大きくなる顔から目が離せなくなっていた。

野生の熊と近距離でいきなり遭遇したら、死んだふりはNGなのだそうだ。奴等は、人間の下手くそな演技などに付き合ってはくれないからだ。

そして、背中を向けて逃げるのもNGなのだそうだ。熊から視線を外し、視界から熊を見失って奴等に背中を向けた瞬間、背後から襲われるからだ。

この場合の正解は、「決して視線を外さず、ゆっくり背後に下がって十分に距離を取る」である。

そして、眼前の女の顔にも何故かそれに近いものを感じていた。

この顔から目を離した瞬間に、襲われるような気がしていた。

そうしている間にも、女の顔は大きくなった。

人間？　人間だよな？

一度は安堵したはずなのだが、その安堵が揺らいできた。

女は近付いてきている。

が、それを差し引いても行きすぎなくらいに、顔が大きくなってきている。

顔に続いて腕が見えた。

衣服や髪は闇に溶けて相変わらず見えないのに、顔と腕だけはくっきり浮かび上がっている。

女の顔は、ゆっくりと、しかし確実に駐車場に這い上がろうとしていた。

腕は長かった。

手首から肘までが長く、肘から肩口までが長い。

肩から先は見えないが、それにしてもやたらと長い。

髪はやはり見えないのだが、髪があることは分かった。

顔の額近くに髪の生え際が見えてきたからだ。

表情はない。

口元は半開きである。

しかし、歯も舌も、何なら唇さえもあるのかどうかすらよく分からなかった。

顔の、顎に近いところに穴が空いている、というほうが近い。

目も真っ黒だった。

白目がない、というより、眼球があるのかどうかも疑わしかった。

実は目元も穴が空いているだけなのかもしれなかった。

人間は、白目があるせいで黒目の向いている位置が分かる。それのおかげで、どちらを見ているか、視線の先を類推できる。

対して動物の目は白目が見えない。つぶらな黒目は可愛くも思えるが、あれは敵に対して自分の視線の方向を悟られないための進化であるという。

白目のない、黒目も分からない、まして目があるのかどうかも分からない真っ暗な穴は、視線も感情も読み取りようがなかった。

それでも先輩は確信していた。

こいつは、俺達を見ている。

見られていることに勘付いても動けない。

見据えられ、射すくめられたかのようで、立ち尽くしたまま魅入られている。

声すら出ない。

女の顔と白い腕が、手摺りを掴んだ。

「ふぅわああ。あああぁああぁ」

頓狂な声が上がった。

彼女予定が、空気の抜けたような声を絞り出していた。

悲鳴を上げようとしていたのかもしれないが、そこまでの大声にも金切り声にも至らなかった。

それでも、先輩が我に返るには十分だった。

先輩は彼女予定の腕を取って、車に向かって駆け出した。

助手席に彼女予定を押し込み、自分も運転席に転がり込む。

シートベルトなんか、後でいい。

とにかく、ここから離れること。

エンジンを掛け、アクセルを踏みこむ。
ハンドルを回すと、タイヤがアスファルトを噛んで〈キキキキ〉と耳障りな音を出す。
まるで走り屋みたいだな、と思った。
駐車場から国道へ飛び出すとき、先輩は一瞬ルームミラーを覗いた。
覗いてしまった。
ミラーの中には寸前まで先輩と彼女予定が並んで星を見ていた場所が映っていた。
そこに腕が見えた。
手首があって、肘関節が一つ。肩から先は見えない。
その白く細長い腕は、手摺りを超えて高く腕を突き上げていた。
人間の腕の長さを大分超えた、腕と呼ぶには常軌を逸した長すぎる腕。
それが駐車場の一角にゆらゆら揺れている。
顔はもう見えなかった。

彼女予定は、それっきり何も言わなくなった。

＊

「……っていう話なんだが。先輩と彼女未満の人がその後どうなったかは、聞いてない」

「何だよそれ。てか、それってここ？　ここの湖の、この駐車場？　マジかよ」

友人がはしゃぎ気味に言い終える前に、湖側の藪の中から物音が聞こえ始めた。

ガサガサガサガサ、ガサガサガサガサガサガサガサガサ、ガサガサガサ!!

パキン。パキパキ。

ザスッ、ザスッ、ザスッ。

藪の中を何かが移動する音、である。

〈これはきっと、野生動物か何かで。いや、たぶんそう。そうじゃないかな〉

友人と二人、我々は何も言わずとも心が通じ合った。

友人はギアをバックに入れて、アクセルを力一杯踏みこみ、車体を振りながら向きを変えて駐車場から国道に出た。

ルームミラーは見なかった。

気遣い

家探しのため、何度も内見の旅を重ねていた神谷さん御夫妻の話——は、前作『「弔」怖い話』で触れているのだが、その後の話を小耳に挟んだ。

新しい戸建てに引っ越しが決まるまでの間住んでいたアパートでは、何かとトラブル続きであったらしい。身体を悪くしており、通院生活も送っていた。

神谷さんはこう思った。

——例えば、何とか無事にいい物件に縁付いたとする。

でも、引っ越し先が決まったとして、そこがこの近所だとは限らない。

そうなると、今まで毎年初詣に行っていた神社には、もう行けなくなってしまうかもしれない。

それなら、ちゃんと挨拶に行かなければ。

以前、著者が諏訪に旅した際に土地の古老から伺った話に、「土地神様というのは地元を管轄しているお役所か土地の大家みたいなもので、氏子は店子みたいなもん」というのがある。

だから、神社にお詣りして何らかのお願いや御挨拶をするときには、〈○○町の○丁目○番の○○です〉と、心の中で番地住所と名前を自己紹介しないと、神様は何処の誰だか分からないから困る、というもの。

神様に対する考え方、対峙の仕方というのは様々あろうが、これはこれで理に適っていて腑《ふ》に落ちる。

遠くから見知らぬ人がやってくる大手の神社と違って、地元の氏子の面倒を見てくれる土地神様の神社の在り方としては、ストンとくるものがある。

この土地に入ってきて長年御挨拶してきたけど、出ていくときも挨拶しなければ確かに不義理というものだ。

そこで、二回目の内見ツアーの後くらいに座間神社を訪ねた。

二礼二拍して、賽銭箱に百円玉を投げ込む。

〈○○町○丁目○番の神谷です。実は近く家を買うつもりで転居先を探しております。もしかしたら遠方に引っ越していくことになり、座間から離れてしまうかもしれません。長らくお世話になりましたが、その節はまた改めて御挨拶に伺わせていただきます〉

おみくじを引いてみたところ、〈大吉〉だった。

『病：治る』


その後暫《しばら》くして、いい家と縁付いた。

中古物件だがなかなかの戸建て。

諸々幾つかトラブルはあったもののそれらの全てが丸く収まり、新居への引っ越しも滞りなく済んだ。

これは、ちゃんとお礼に伺わなければ。

ということで、再び座間神社を訪ねた。

座間神社は、表通りからちょっとした参道の階段を上り切った先にある。

裏手は在日米軍座間キャンプのグラウンドを背にしているが、神社の周辺だけは鬱蒼《うっそう》とした社の杜に囲まれ、そこだけが別世界のようでもある。

二礼二拍して御挨拶。

〈○○町○丁目○番の神谷です。おかげさまで、無事、転居先が見つかりました。長く患っていた病気も寛解しましたので、お礼に伺いました〉

ではお賽銭を——と財布を開く。

これまでずっと、お賽銭は百円玉一枚だけだったのだが、今回はお礼参りであるので気前よく千円くらい入れよう、と思っていた。
が、財布の中には生憎《あいにく》五千円札と一万円札しかなかった。
ここは気前よく一万円とか、いっとくべき？
いやいや、でも五千円でもちょっとその、引っ越したばかりで何かと物入りだったし。
いやいや、でも……。
悩みに悩んだ末、自分を責めつつ、五百円玉を賽銭箱に入れた。
「あの……今度伺ったときは、千円札入れますので」
賽銭の額を気に病みつつ、ぺこぺこと頭を下げ手を合わせた。
おみくじを引いてみたところ、〈大吉〉だった。
『病：気にするな』

＊

無事、新居に引っ越した神谷さんが、まず最初にしたことは神棚の設置であった。
白木の神棚を家の中心になる部屋に据える。
神棚に天照大御神《あまてらすおおみかみ》の札、氏神様の札と並べ、竈神《かまどがみ》様の札は台所へ。

それから御神酒《おみき》と水と塩と米を供える。

紙垂《しだ》を飾り、最後に左右の榊立てに榊の小枝を挿す。

左の榊を挿した、その瞬間。

御札を納めてある神棚の中央の扉が光った。

レーザー光線のような、強烈な光の束がワッと照射された。

思わず身体を仰け反らせて光を避けた。

その瞬間、自分が直前まで立っていた空間が歪んだ。

空中のある一点がねじ曲がり、それは脈打ったように震動する。

その空間はまるで鎌首を擡《もた》げた蛇のようにうねり、光を放った扉——つまり御札に向かって飛び込んでいった。

いや、空間をねじ曲げるほどの何かが、御札の中に吸い込まれていったのかもしれない。

その一瞬、御札の向こうの空間と、歪んでねじ曲がった空間が繋がった——ように思えた。

本当に一瞬の出来事で、同じことは二度と起きなかった。

——巻き込まれなくてよかった。

そう、思った。

＊

年末のこと。

年越しを前に、新居の家中を大掃除した。

もちろん、神棚の掃除も欠かさない。

正月を前にやはり御神酒はいいものにしたい。

酒飲みは、日頃なら買わないような〈凄くいいお酒〉を買う口実に、神様に御出座《おでまし》いただくことがある。

御神酒として供えるだけでなく、後でおこぼれを頂戴するつもりではいるが、どうせなら自分のお気に入りの美味しいお酒にしておきたい。神様にも楽しんでいただきたい。

そこで大奮発することにした。

引っ越し先の近所には造り酒屋があるのだが、その蔵で自慢の純米大吟醸の絞りたて生原酒をチョイス。

一升瓶の封を開けると、果物と米を合わせたような甘い芳香が立ち上る。

これは絶対うまい奴。

そして、年が明け、元日の朝のこと。
神棚に供えた水を新しいものと取り替えようとした。
そのとき、小さく優しい声が聞こえた。
〈美味しいよ〉
神様は割とマメである。

システムダウン

「道端でぶっ倒れて救急車キメまして」

「ガチで意識ない人動かすのがどれだけキツいかを体験しまして」

坂口さんと筑紫さんから久しぶりに御連絡いただいたのだが、第一声がこれであった。

一言で説明するなら、お二人はそれぞれ神様憑きの依《よ》り代《しろ》である。

前作『「弔」怖い話』で、お二人について幾つかのお話を御紹介させていただいているが、ここで改めて事情を説明しようとすると紙数が足りなくなるので、仔細は『「弔」怖い話』に委ねたい。


その日、二人は少し遠出をしていた。

電車を乗り継いだ先での野暮用を済ませ、帰路に就く。

ラッシュ時を外したこともあって、最寄り駅へ向かう電車は適度に空いている。押し合いへし合いするほどではないが、座席は大体埋まっている、というくらいか。

当初、二人は乗降口付近に立って、何ということのない雑談をしていた。

――いつから、それがいたのかは分からないのだという。

気付いたときには、坂口さんは動けなくなっていた。

この車両に乗り込んだときには車内は清浄そのもので、特に怪しいものはいなかったと思う。

何処かの駅で乗り込んできたのか、隣の車両から移ってきたのか、それとも話に夢中になっていて気付けなかったのかは分からない。

ただそれは、酷く忌まわしく、酷く強烈であった。

坂口さんの背後から、猛烈にそれが迫る。

何かの残滓《ざんし》と思しき〈真っ黒なもの〉が車両内に巻き散らかされている。

恐る恐る背後を肩越しに見ると、反対側の乗降口付近の座席に女が座っていた。

女自身は、〈ヒト〉であろうとは思われた。

何処にでもいる、一目や二目では記憶にすら残りそうにない平凡な女。

が、その女は形容のし難い何かを〈連れて〉いた。

これまで遭遇してきた妖かしの類は、確かに異形が多かった。それでも、人前に現れるものは、人に近い形をしていた。

もちろん例外はある。獣の形をしたもの、表現のし難い形状のものもいなかった訳ではないが、そうしたものが人里、まして街中に現れるなど、考えてもいなかった。

そいつは、様々な生き物の肉片が交じり合っていた。

犬や猫、狸や狐といった獣の類、虫の類、そして人の断片もあったかもしれない。真似たのか、いつか何処かで取り込んだ何かの成れの果てなのかは分からないが、何者かを成そうとして成りきれない何か。

そうした獣や人の欠片《かけら》を模した何かが、どす黒く絡み合い蠢《うごめ》いている。

手足のように見えるもの、胴体のように見えるものがあり、見ようと思えば頭に見えるものもあるにはあった。

それでも人の形を成そうと努力はしたのかもしれない。

その歪な頭に相当する部分に、人間の顔らしきものが張り付いていた。

それが身体の一部を零《こぼ》しながら蠢き、車両内を歩き回っている。

一歩歩くたび、剥がれ落ちた肉片の残滓がびちびちと暴れる。

しかし、ここは走る電車の中である。

何処にも行けない残滓が、坂口さんに纏《まと》い付こうとしている。

いや、纏わり付くのを通り越し、その身体の中に侵入を試みていたのである。

坂口さんが雑談に何の反応もしなくなった時点で、筑紫さんは異変に気付いているようだった。

坂口さんの身体を小さくはたく。

車両内でそれが不自然にならないよう、坂口さんを支えながら肩を、腰をはたく。

とにかく、降りなければ。

次の停車駅まで、あと何分？

あともう少し、耐えられる？

筑紫さんがそう目配せすると、坂口さんは、こくりと頷《うなず》いた。

それで精一杯だった。

最寄り駅よりはまだ大分手前だったが、次の停車駅で坂口さんの身体を支えながら車両から降りた。

あの凄まじいものを連れた女が、後を付いて同じ駅で降りたらどうしよう。

そのときは、降りた電車にもう一度飛び乗ってでも、〈アレ〉から離れることを優先すべきか。

幸い、女は車両を降りなかった。

乗降ドアが閉まる。

あの凄まじいものは女から離れることはできないようで、車両内に尚、残滓を撒き散らしながら、女に連れられて次の駅へ向けて、行ってしまった。

筑紫さんは消耗し切った坂口さんを支えながら歩き、何とか駅の改札を抜けた。

坂口さんは改札を抜けたところまでは何とか耐えた。

そこで力尽きた。

意識が完全に消し飛んだ相棒の名を呼びつつ、筑紫さんは救急車を呼んだ。

「私が呼びました」

「私は呼ばれました」

なるほど。


「つまりなんですか」

流しの妖かしに遭遇し、〈当てられ〉た。

肩や腰をはたいたのは、筑紫さんに加護を与える〈おつる様〉による外からの防ぎ祓い。

坂口さんが途中で意識喪失したのは、坂口さんに加護を与える〈つがみ様〉が内側に侵入してきた残滓を防ぎ潰したから。

二柱が坂口さんを、あの凄まじい妖かしから守り切ってくれたものの、〈つがみ様〉の頑張りに坂口さんが耐え切れず、意識が飛んだ——と。

「……バッファ・オーバー・ランとか、ＣＰＵが熱暴走とか、メモリー使い切ってシステムダウンとか、大体そういう感じでしょうか」

「大体そういう感じです」

アンノウン

ある快晴の休日のこと。

坂口さんは空を見上げた。

「あれ？」

眉に手のひらを翳《かざ》し、目を眇《すが》める。

「どした？」

「いや、あれなんだろ」

あれ、と促されて筑紫さんも空を眺める。

空が青い。

雲の一つもない。

「いや、うーん。飛行機、かなあ。でも飛行機雲とか出てないし……」

どうやら、空飛ぶ何かを目で追っている様子だ。

「え、何処？」

「だから、ほらあれ」

坂口さんは空の一点を指差す。

その指の指し示す方向を筑紫さんは必死に探すのだが、飛行機どころか鳥一羽、虫一匹すら視界に入らない。

「飛行機……いや、ヘリかな。ドローンかも。でも、音がしないんだよなあ……」

坂口さんが喩えているものが、何らかの飛行物体であるらしいことは分かる。

それが、既存の何に当たるのか同定しかねている。

音すら聞こえないとするなら、よほど遠方を飛んでいるのか、それとも超音速で移動していてこちらに近付いてくる途中、だとか。

しかしながら、筑紫さんには変わらず突きぬけて深すぎる青い空しか分からない。

「だから、あれ。あの、ほら。ブルーインパルスみたいに、くるんって空中を一回転して、曲芸飛行をしてて」

これまでにも増してかなり具体的に飛行物体の挙動を描写してみせたところで、坂口さんの説明が止まった。

あっ。

小さく呟いて、視線を落とす。

「えっ、何。どうした」

「……あれ、人の乗り物じゃなかったわ」

空を飛ぶ〈乗り物〉が、人のじゃなければ何なのだ。

今どきの〈神輿〉は空でも飛ぶのか。

と、そう問おうか一瞬迷ったが、これはそれ以上は膨らまない、膨らまさないほうがいい話だな、と合点した。

ああ。ああ、そう。

うん。

隠しんぼ

中学生の頃、坂口さんの趣味は山歩きだった。

と言っても、登山の類ではない。家からも然程遠くない近場の低山を、公道から外れていって、獣道を漕ぐといったもの。

登山道や散歩道として整備されている訳ではない山の中にも、一定の「歩きやすい道」というものはある。誰かが近道のつもりで歩いたり、或いは山を住み処とする野生動物が、餌場《えさば》、水場を往復するために通ったり。

人が歩きやすい道筋と動物が歩きやすい道筋には、言うほど大きな違いはないのだそうで、獣が付けた獣道は当然人にも案外歩きやすいものらしい。

とはいえ、舗装されている訳でもなければ、草や低木が綺麗に刈り込まれている訳でもないから、藪漕ぎとそう大きな違いはない。

それでも、そういう獣道には滅多に人が近付かない。

誰かと行き会うこともほぼないので、一人になれる。

山の中は風が枝を揺らす音や、鳥獣の鳴き声、種類も知れない虫の音など、案外賑やかな音と気配に満ちている。

だからなのか、人と言葉を交わさなくても誰にも会わず一人きりでいても、思いの外、寂しくもなかった。

そんな山の中で藪を漕いだり、樹々を愛でたり、差し込む陽差しを楽しんだりしているうちに、俄《にわか》に辺りが暗くなった。

見上げると、先ほどまでの晴れ渡った青空が、いつのまにか掻き曇っている。低く垂れ込めた黒雲に満ち、まだ日が高い時間であるにも拘らず、日暮れのような暗さに沈み込んでいく。

おまけに雨まで降ってきた。

ぽつり、ぽつりと垂れた雫が、みるみるうちに滝のように流れ落ちる奔流に変わる。

坂口さんは、取るものも取りあえず、手近な木の下へと逃げ込んだ。

適度に広がる枝振りのおかげで、何とか雨は避けられそうだ。

通り雨かな。通り雨であってほしい。

雨に濡れた髪が額に張り付くのを、袖で拭う。

と、そのとき。

〈みぃつけた〉

何処からか、声が聞こえた。

人の声。これは間違いない。

子供の声か大人の声か、それはよく分からない。

だが、大人にせよ子供にせよ、辺りに人はいないはずである。

公道からは大分離れている。

ここは設備や住居どころか農地の一つもない山である。

取り立てて人の営みに必要そうなものが、何もない。

人の暮らす町と町を隔てる程度の山でありながら、人の手が入らない山である。

これまでに山菜取りの人にすら行き会ったことがない。

つまり、人が踏み入る理由が何もない。

故に、山歩きのフィールドとしてわざわざ選んだくらいである。

声の後も、人の気配はない。

息遣い、衣擦れ、話し声。足跡や足音だったり、人影だったりする。

我々が気配、と言い表しているものの正体は、実体を持つ何かがそこに留まることなく動いているその痕跡を、違和感として捉えたものである。

山は人以外の喧騒で溢れている。それ故に、人の気配は厭でも目立つ。

だが、明確にそうと聞こえた〈みぃつけた〉の後、人の気配は何もない。

不意に、不安になった。

雨は続いている。

坂口さんは、通い慣れた山が急に怖くなった。

そして人恋しくなった。

雨は止んではいないが、この山に留まるべきではない気がした。

来た道を辿りながら人の世界を目指して山を下り始める。

獣道は人にも歩ける。

足繁く通った山だから、山の勝手も分かっている。

ここは迷うほど深い山ではないし、アスファルトで舗装された公道――人の世界のものから、そう離れてもいない。

だから、少し歩けば山から抜け出せるはずなのに、山が尽きない。

漕いでも漕いでも藪の外に出られない。

慣れた道、よく知る獣道であるはずなのに、勝手知ったるその道がまるで閉ざされているかのようだ。

こんなことは初めてだった。

山に閉じこめられ、山に封じ込められたようにすら思えた。
一体どうしたらいいんだろうか。
何が切っ掛けだったのか。
〈みぃつけた〉
脳内に、その言葉がずっとリフレインしている。
つまり、自分は何かに発見された。見つけられた。
見つけられたのに、自分を見つけた何かを自分は見つけられない。
ルールがある。
そして、これは遊戯なのかもしれない。
そう閃いたとき、誰かに促された気がした。返事をしてやれ、と。
坂口さんは、近場の木陰に向かって言葉を掛けてみた。
「――見ーつけた!」
何も見えていないし、何も見つけてはいない。
いないのだが、見つけたことにしておけ。そうしておけ。
そのように促されるがままに、見つけてもいない何かに向けて叫ぶ。
返事は特にない。

雨は止み、雲は晴れ、山の喧騒が戻ってきた。

そして、樹々の間から自動車が走りすぎていくのが見える。恐らく、山に入るときに出発点とした公道だろう。

あれほど探し回っても見つけられなかった山の出口は、坂口さんの傍らにあった訳だ。

ずっとそこにあったはずなのに、何故見つけられなかったのか。

理由は……いや、やめておこう。

神隠しはごく短時間で済んだのだから。

もう死んじゃうよ

「お父さんが動かない。息をしてない」

電話口で狼狽《うろた》える母は酷く取り乱していた。

「お母さん、落ち着いて！　救急車はもう呼んだ？」

「今呼んだところ」

母を宥《なだ》めながら、亜紀さんは手早く身支度を調え始める。

ちらりと時計を見ると、そろそろ夜が明けようかという早朝である。しかし、十一月の朝は暗く、辺りはまだ夜の縁から逃れ切ってはいなかった。

亜紀さんはこの年の七月に結婚して実家を出たばかりだった。新居は幸い、車で三十分も離れていない。夫の運転する車に揺られ、実家への道程を急ぐ。

住み始めたばかりの新居よりも、ずっと長く慣れ親しんだ実家の記憶は未だ鮮明だ。

その記憶の中には自分がいて、母がいて、そして父がいた。

父は老いていて、年齢的には若くはなかった。

さりとて、言うほど老け込んではいなかった。

歳相応の衰えはもちろんあっただろうが、足腰が衰えて誰かの世話になるなんてまっぴら御免、という気概と意地があったのだろう。健康のため、日々の軽い運動を欠かさない。毎朝の習慣として、散歩をしていた。近場の公園まで行って戻る程度の食前の軽い運動、といったところだ。

大分冷え込んできたから、と玄関先の椅子に座って買ったばかりの靴下に足をねじ込もうとした。

俯《うつむ》いて手を伸ばし、しわくちゃの靴下を爪先にひっかける。

父はその姿勢のまま、事切れていた。

出かける、と言って支度を始めたのに、椅子に座ったままピクリともしない父に声を掛けようとしたところで、母は父の異変に気付いた。

亜紀さん夫婦が実家に駆け付けたときには、父の遺体は警察に運ばれた後だった。

救急隊によってその場で死亡が確認されたものの、形としては変死扱いになるため、いったん検死のために警察に委ねられたのだ。

警察による検死の後、父の遺体は無言の帰宅を果たした。

結局のところ、父の死に事件性はなく自然死と判断された。

大病を患っていたこともなく身体も健康そのものだと思われたが、年齢的なものだろう、とのこと。平均寿命を超えて生きる高齢者が増えたこともあって、七十代はまだまだ若いように思えてしまうが、七十二歳ともなるとやはり身体にガタが来ていたのだろう。

「でもさ、お父さんも苦しまないで済んだって思おうよ」

親族に連絡を取ったり、葬儀社と打ち合わせをしたり、家族を亡くした直後の遺族というものは殊《こと》の外、慌ただしい。

葬儀のコースに棺のグレード、花輪から、供え物など事細かに決めていかなければならないことが次から次へと続く。

親族の突然の死に動転して何も手に付かないときこそ、成すべきことを詰め込んで気を紛らわすのがいい。慌ただしく働いているときは、悲しみを棚上げすることもできる。

一頻《ひとしき》り、葬儀に纏わる雑事が一段落した。

通夜の晩、斎場で線香の番をしながら、生前の父について思い起こす。

どちらかと言えば父は日頃から無口な人だった。

その父の口癖が、

〈俺は、絶対に病院では死なない〉

というもの。

現代人の殆どが最後の瞬間を病院で迎えるという。

事故の類は仕方がないとしても、慣れ親しんだ自宅で大往生を迎えるなど、死に際としては贅沢な部類に入る。

布団の上で大往生とはいかなかったが、靴下を穿こうとして事切れるというのも、病院では死んでいないのだから大往生の部類に入れてよさそうだ。

〈死因は靴下、ってなるのかしら〉

そんなことを思い浮かべたら、不謹慎ながら少し笑いが込み上げてしまった。

「そういえば」

ずっと放心状態だった母が、棺の中の父を慈しみながら言った。

「お父さんねえ、昨日すっごくおかしかったのよ。ゲラゲラ大笑いしてね」

それは、亜紀さんにとって意外だった。

父は、別に近寄り難い訳ではないが、とにかく無口な人だった。

何というか感情をあまり表に出さないというのか、表情の変化の起伏が少ないというか。

不機嫌だったり上機嫌だったり、折々に感情の起伏がなかった訳ではないが、それを心のままに表に出すタイプではなかったと思う。

なのに、数少ない発話の機会は、〈俺は、絶対に病院では死なない〉である。

亜紀さんは自身の記憶を辿ってみたが、心のままに爆笑する父、哄笑《こうしょう》する父の笑顔というのがとんと思い浮かばない。

「あたしも、あんなお父さん見るの初めてだったかもしれない。それで、お父さん、大笑いしながら、『苦しい、苦しい、俺はもう死んじゃうよ！』って」

笑いの始まる切っ掛けについては、とんと分からない。

「何がおかしいんです、って言っても笑ってるばかりでね。それでも、『俺はもう死んじゃう』なんて、不謹慎すぎるじゃない？　だから」

〈変な冗談はやめて下さい！〉

――本当に死んじゃったらどうするの！　と、母は父に怒った。

そして、翌朝。

父は予告通り本当に死んでしまった。

何がおかしいんだか、何をどうしてそんなに笑い転げるようなことがあったのかは分からない。母も憶えていない。テレビが点いていたのか、本でも読んでいたのか、何か思い出し笑いでもしていたのか。

そもそも、軽口を叩く人ではない。寡黙で最低限のことしか口を開かない。

亜紀さんは、だからずっと気に掛かっている。

〈俺はもう死んじゃうよ〉

という言葉使いは、父らしくない。

寡黙ながらも父の言葉はもっと粛々としたものであったはずだ。相好を崩した物言いというのか、砕けすぎていて、まるで亜紀さんが知らない別の誰かのようにも思えた。

父が亡くなって、もうじき二十三回忌を迎える。

母は健在だが、あの頃の父を遙かに超える年齢に達した。

最近では認知症も進んでしまい、あのときの父のことについて訊ねる機会は、今やもうない。

父の葬儀

竜田さんのお父上の葬儀に連なるお話。

お父上は長く肺癌を患われていた。

発見が遅かったこともあって、癌は身体の方々に転移していた。ステージⅣ、末期であり、そこから逆転していくのは難しい。

ただ、お歳を召されていたこともあって、御本人も家族も覚悟は決めていた。

とはいえ、覚悟を決めたからといって、それを全て受け入れていられた訳ではなかった。

ゆっくり衰えていくお父上の様子が何より心配で仕方がなく、夜中に掛かってくる電話の全てが不吉な知らせのように思えてくる。

一喜一憂しても、慣れることはない。

電話が鳴る前に虫の知らせが来るという話は、これまで怪談では何度も扱ってきた。竜田さんも、そうしたものがあるのではないか、或いはあったらどうしようと思っていた。

実際、彼女の元にそうしたものはなく、ただただ夜中の電話に怯える日々が続いた。

竜田さんの兄上は、真夜中に目が覚めた。

とにかく厭な気分、厭な予感がして、その直後に実家から電話が掛かってきた。

〈お父さん死んじゃった〉

虫の知らせの有無に関係なく、その知らせは竜田さんの一族の間に伝えられた。


竜田さんのお父上の葬儀は、少し珍しいものになった。

竜田家は特にこれといって宗教も信仰もない。そういったこだわりが特にない家では、取りあえず無難なところで仏式に落ち着くことが多い。本家がそうだったから、先祖の墓があるから、葬儀屋が紹介してくれたので――などなど、深い理由は特になく、〈死んだら寺で葬式をするもの〉ということに、落ち着くのかと思っていた。

ただ、特に宗教にこだわりはないのだが、寺で葬式を上げるのが厭だった。

「だって、仏教の葬式って、生臭坊主に何だかんだと大金払わされるじゃないですか。戒名とかお車代とか、相場があるようでいてはっきりしないの。あれが厭だったんですよ」

その辺りは家族一同同意見で、だからといって葬儀をしない訳にもいかないので、地元の神社に葬儀をお願いした。

仏教の葬儀は、「通夜」「本葬」「初七日」「四十九日」「百箇日」……と続く。昨今では、会葬者が集まる手間を軽減するため、通夜・本葬・初七日を一日で済ませてしまう簡略化された葬儀も珍しくはなくなった。

一方、神道の葬儀――神葬祭というのは、仏教の葬儀と似ているようでいて細部が異なる。また、神社、地域によって、手順、行程、名称などに若干の揺らぎがあり、標準化されたものがある訳ではない。大まかな例としては、概ね次のような流れになる。

まず「前夜祭」がある。これは通夜祭とも呼ばれ、仏教の通夜に当たる。

次に「遷霊祭」又は「御霊移し」とされるものがある。

ここまでが一日目で、二日目に行われる「葬場祭」が仏教の本葬、告別式に相当する。

この後、「火葬祭」で遺体の火葬が行われる。

遺骨は一度持ち帰り、少し間を空けて、仏教で言う四十九日に相当する五十日祭として「埋葬祭」を行う。埋葬が終わった後、自宅へ戻ってから「帰家祭《きかさい》」を執り行い、「直会《なおらい》」を開いた後、葬儀が終了となる。

以後、死者は守護霊として子孫を見守る神様となる。

竜田さんのお父上の葬儀は、二日目の火葬祭まで済ませたところで一段落した。

この日は、奇しくも竜田さんの二番目の兄上の命日でもあった。

二番目の兄上は仏式で葬られているので、本来ならきちんと年回忌法要をするなりすべきだったのだろうが、慣れない作法の葬儀でへとへとになった竜田家の面々は、何というか色々面倒になって全てを棚上げすることにした。

「取りあえず、お兄ちゃんには待ってもらお？　お父さんのお葬式だけで疲れちゃった」

こういうイレギュラーなことを言い出すと、大抵は小うるさい親戚が不平を垂れそうなものだが、竜田家の面々からも親戚からも、特に文句は出なかった。どうもそういう一族らしい。

結局、「せっかく親戚が集まったんだし、いい機会だから温泉に行こう」と話がまとまった。急な話ではあったが、近場の温泉宿に予約が取れた。

兄上の位牌も、火葬されたばかりのお父上の霊璽《れいじ》も、それを温泉宿に持ち込む訳にもいかないので、全て実家に置いていくことになった。

宿は大部屋だった。

部屋に入ってすぐに内土間と洗面があり、トイレ、それからユニットバスがある。

玄関と水回りを抜けた先にドアがあり、その奥が座敷という作りになっていた。

ユニットバスはあまり手入れがされていないのか、入り口のドアには〈使用禁止〉の貼り紙がされていた。もっとも、温泉を使うので部屋風呂は気にしなかった。

竜田さんは、温泉に浸かって宿の夕飯を食べて、それからもう一度温泉に浸かった。

洗面の電気は常夜灯の如く点けっぱなしになる仕組みのようなので消灯せずにいたが、明るすぎても眠れないのでドアは閉めておいた。

後はもう、泥のように眠るばかりである。

布団に潜り込んだ竜田さんは、ここ数日を思い返す。

お父上の死に際して、覚悟はしていたつもりだったが、実際には心の準備が全然できていなかった。こうして式が一段落してみても、まだそれを実感できていない自分がいる。

ぼんやりそんなことを考えているうち、座敷が明るくなってきた。

室内灯は消えたままである。

光源は何処だろう——と洗面のほうを見ると、水回りと座敷を仕切るドアが開いていた。

いや、閉めたよね。

確かに閉めた。

最後にトイレに立ったのは竜田さんで、そのときにきちんと閉めたはず。

うっすら開いたドアは、音もなく閉まった。

窓は閉めきられ、室内に風はない。

暫くすると、再びドアが開いた。

やはり音もなく開く。

そしてまた、音もなく閉まる。

それを何度も繰り返すのである。

隙間風は特に感じないが、ドアがきちんと閉まらないようだ。

それとも――。

〈兄ちゃんか父ちゃんが来たのかな〉

位牌と霊璽に留守番を頼んだものの、寂しくなって付いてきたか。

あれこれ考えながらも、化けて出るのが身内ならきっと然程は怖くないと思い直し、眠りに就いた。


そして夜半過ぎ。

五歳の姪っ子が「いやあああああ」と悲鳴を上げた。

べそべそと泣き叫ぶ。

何だどうした、と同室の人々が目を覚まし始める。

「どうしたの？　大丈夫だよ、大丈夫」

親戚の叔母さんが姪っ子を宥めるが、姪っ子は「こわい！」と繰り返す。

「おねえちゃん、のぞいてる！」

そう言って、ドアを指差した。

「知らないおねえちゃんが、こっち見てるの！」

そんな人はいない。

真夜中に仲居さんが部屋を覗くなんてあり得ない。

大人達は、「寝惚けたんだね」「小さい子だから仕方ないね」と納得し、姪っ子をあやして再び寝かしつけた。


翌朝。

「お姉ちゃん、ちょっといい？」

夜中の騒動で一人だけ起きてこなかった、十七歳の姪っ子が竜田さんに耳打ちした。

「なした？」

「昨夜さ、何か皆で騒いでたじゃん？」

「ああ、寝惚けてたアレね。あんな騒いでたのに、あんた起きてこなかったねえ」

そう笑うと、十七歳の姪っ子は首を振った。

「違う。目は覚めてたんだけど起きられなかったんだよ」

曰く、全身が硬直して身動きが取れなくなっていた、と。

意識はあるのに目玉以外の何もかもが動かず、声も出せなかった。

「それって、金縛り？」

「そう、それ。で、入り口のドアが開いたり閉まったりしてたじゃん？」

「してたね。あれは隙間風か何かで」

「違うよ」

十七歳の姪っ子はピシャリと遮った。

「誰かが覗いてたんだよ。ドアを開けたり閉めたりして、そのたびに顔を出して座敷を覗き込んでた。あの子が言ってた、〈知らないお姉さん〉って、それだよ」


竜田家がお世話になった神社では、火葬祭の後は十日目毎に祭事がある。

正確には『一、二、三、四、五』『十、二十、三十、四十、五十』『百、二百、三百、四百、五百、千』という単位で、何かしら節目の祭が執り行われる。

つまり、火葬祭の次は十日祭、二十日祭と、五十日祭まで続き、五十日祭で漸く「埋葬祭」「帰家祭」を経て一連の葬儀が完了となる。

また、火葬祭の後、埋葬祭がある五十日祭が終わるまでの間は、元々あった神棚を半紙で隠しておかなければいけないらしい。お父上が新たに入る神棚とは分けておく、ということだろうか。流石《さすが》に埋葬祭まで仕事を休み続ける訳にもいかないので、竜田さんは十日祭の参加を一区切りとした。

十日祭に集まった親戚は、前日に前乗りして竜田さんの実家に泊まることになった。十七歳の姪っ子に二階の部屋を譲り、竜田さんは神棚のある茶の間に布団を敷いて寝ることにした。

夜半、竜田さんは飛び起きた。

何かに驚いたというか、びっくりさせられたような気がして、ドキドキと早鐘のように心臓が脈打っていた。

そして、茶の間が妙だった。

室内が、真っ赤に染まっていたのだ。

天井も襖も家具も神棚も、布団もそれをはだけている自分の手足も、視界に映るその全てが真紅の世界に沈み込みそうなほどだった。

〈何これ。私、飲み過ぎ？〉

動転しているうちに頭が冴えてくる。

それとともに目が慣れてきて、部屋は元の色に戻っていった。

ただ、神棚が猛烈に気になっていた。

元々の神棚から目が離せない。剥き出しの神棚を食い入るように見つめたまま、そのまま朝まで過ごした。

翌朝、二階から十七歳の姪っ子が階段を下りてきた。

彼女は茶の間を覗き込むと、竜田さんを見るなり一言放った。

「——半紙は⁉」

言われて、気付いた。

夜半からずっと感じ続けた違和感について、姪っ子が言葉に出して指摘するまでそうと思い当たれなかった。

神棚に掛けてあるはずの半紙がない。

関連性があるのかないのかと問われたら、ほぼ間違いなくあるのだろう。

神事に於ける禁忌が破られていた。

半紙を剥がした犯人はお母上だったようで、「十日祭に祢宜《ねぎ》さんが来るから、前夜から剥がしておかなければいけないんだと思い込んでいた」と釈明した。

半紙が剥ぎ取られた神棚を見た祢宜には、「何てことを！」と酷く叱られ、そのままお祓いまでされた。

十七歳の姪っ子は、たぶん「そういう子」なのだろう。

この先、視えたり勘付いたり、何かと苦労の多い人生を送りそうだと思った。


結局、葬儀の後片付けもあって結構な日数を有休で贖《あがな》った。

職場復帰後、会社の上司からは「仕事と葬式、どっちが大事なんだ」と厭味を言われた。

〈おまえ、こんなところで働いても、歳喰って使えなくなったら切られるだけだぞ。人を人として扱ってくれるところで働け〉

そのとき、今や家を守護する祖霊となった父の声が、竜田さんの背中を押した。

そのおかげで、

「仕事より家族が大事。家族より仕事を優先しろなんていう職場は、無理」

そう踏ん切りが付いて、あっさり会社を辞めた。

だから後悔はしていない。

殯《もがり》の夜

「あっちゃん」

声が聞こえた。

「あっちゃん。あつし」

祖母の声である。

声質の似た伯母か誰かだろうかとも考えたが、違う。

芸州訛りの強い、独特のイントネーション。

幼い頃から呼ばれ慣れた、声。

「あつし」

呼んでいる。

呼んでいるなあ、と、ぼんやり考える。

婆ちゃん、俺のこと呼んでるなあ。

「あっちゃん」

祖母は隣室にいるはずである。

が、祖母ではないだろう。
祖母は、棺の中にいる。
大往生である。

殯の夜、葬式前夜に葬祭場で寝ずの番をしていたときの一幕。

おしゃぶり

田端さん夫婦に、待望の第一子が生まれた。

待ち望まれて生まれてきた愛娘は、生後二カ月半。目の中に入れても痛くない、とはこのことか、と、田端さんは妻共々愛娘を可愛がった。

結婚以来、ずっとマンション暮らしだが、子供が小さいうちは十分足りる。

いつか愛娘が今よりずっと大きくなって、自分の部屋が欲しいなんて言い出すかもしれない。その頃にはここより広い部屋に引っ越したい。何なら戸建てもいいなあ。

そんな未来を夢に見つつ、夫婦は子育てに勤しんでいた。

何しろ子育ても生まれて初めてのことで、掴まり立ちどころかハイハイさえもままならない愛娘と、どう意志疎通していけばいいのかも手探りだった。

当然言葉は通じないが、何にむずかっているのか、何をすれば機嫌が良くなるのかくらいなら、田端さんにも分かるようになってきた。

最近気付いたことだが、愛娘にはお気に入りのおしゃぶりがある。

それを口に含ませておくと、大層機嫌が良くなる。

泣き止ませたり寝かせたり、さじ加減が難しく最初のうちは往生したが、対策が見えてくると余裕もできてくる。

「じゃあ、先にお風呂いただくね」

妻に一番風呂を譲った田端さんは、愛娘の愛らしい寝顔を独占していた。

ベビーベッドで〈すぅすぅ〉と寝息を立てる姿も、まだ歯も生え揃わない小さな口でおしゃぶりを咀嚼《そしゃく》する様子も、何もかもが愛おしい。

どのくらいでも眺めていられる。

ずっと眺めていたいし、妻の入浴中に愛娘から一時でも目を離したくはないのだが、生理現象は別である。

矢庭に催した田端さんは、トイレに立った。

すぐに済ませるつもりで個室に入ったのだが、幾らもしないうちに愛娘の泣き声が聞こえてきた。

おしめは替えたばかりだし、妻の入浴前に授乳も済ませている。

ということは、目が覚めてしまったのだろうか。

「起きちゃいまちたかー？」

用足しを済ませてベビーベッドを見に行くと、案の定愛娘がむずかっている。

御機嫌取りのために含ませたお気に入りのおしゃぶりも見当たらない。
ああ、なるほど。
おしゃぶりがないので、怒っているのだな。
口から落ちてしまったのだろう。
その様子を思い浮かべながら、ベビーベッドの周辺を探す。
ベッドの上をくまなく見回すが、枕元にも毛布の下にも見当たらない。
なるほど、手足にぶつかって、ベッドの下に蹴り出してしまったのだろう。
そう考えてベッドの下、ベッドの周囲と範囲を広げていくが、見当たらない。
え、何処だ。
訝《いぶか》しみつつ捜索範囲を広げていくと、漸く見つかった。
「あんなところに」
見ると、ベランダ側の床に落ちていた。
何の気なしに拾い上げ、埃を拭ううちに気付いた。
ベビーベッドとベランダの間には、レースのカーテンが掛かっている。
床まで届く長さのカーテンの裾に隙間はない。
ベビーベッドとカーテンの間には、案外距離がある。

というか、ベッドの上で取り落としたおしゃぶりが転がっていって届く距離ではない。
愛娘が意図して「投げた」のかもしれない。
が、赤子が投げたくらいで、カーテンの向こう側に届くとは思えない。
いや。いやいや。
子育ては初めてで分からないことだらけだ。
もしかしたら、このくらいの月齢になれば赤子でも結構な力があるのかもしれないぞ。
でなければ、うちの子は凄いのかもしれない。
そんな理屈を付けて納得を試みる。

この日を境に、愛娘の様子が変わる。
部屋の明かりを消すと一頻り泣くようになった。
これまでは、明かりを消してもぐずることはなかったのに。
それから、愛娘はぐずった後に、暗がりの中で御機嫌な笑い声を上げるようになった。
人見知りをしない子だったが、まるで誰かに構ってもらっているときのようだ。
そう、暗がりの中にいる〈誰か〉があやしてくれているような。
そういえば、前年の夏に義父を亡くしている。

妻の父は初孫をずっと楽しみにしていたのだが、その誕生にはとうとう立ち会えずじまいだった。

いや――それは。

たぶんきっと関係ない。

関係ないとは思うのだが、義父が遊びに来てくれているならそれもいいな、と思った。

哄笑《こうしょう》

昨今、少子化が吃緊《きっきん》の課題となっている。

平均的な日本人の兄弟姉妹の人数が少なくなったのは、別に今日や昨日に始まった話ではない。今どきでは親の世代で既に兄弟二人、下手をしたら一人っ子というのも珍しくはないものの激減した。しかも、就職で全国に散り散りになるため、親族一同が集まる機会といったようなものも激減した。何となれば冠婚葬祭ですら遠距離と多忙で断念せざるを得ない上に、続く疫病禍で常にも増して人が集まりにくい。

勝俣君のところはどうなの、と訊くと、

「うちは結構な大所帯だったと思いますよ。最近は帰ってないけど」

子供の頃にはよく父方の本家に親族一同が集まっていた。

父方の本家は宮崎にあるのだそうで、南方の一族の血がそうさせるのか、親族一同、皆酒が強い。そして盆だ、正月だ、法事だ、誰かの何回忌だと理由を付けては顔を合わせて宴となる。

流石本家とも言うべきで、大人達が酒盛りをする大広間の他にも、寺の本堂か旅館の大部屋かというほどの広さがある畳敷きの部屋が幾つかあった。昔、兄弟姉妹の人数が多く分家の数も今より更に多かった時代の名残なのだろう。

　こうした南方の宴会の常で、親達が飲み始めたら終わりなど見えない。

「子供は早く寝な」

　とばかりに、歳の近い従兄弟達とまとめて大部屋の一つに追い立てられた。

　久々に会う従兄弟達と語らううちに、一人また一人と眠気に負けて脱落していく。

　勝俣君もまた、いつの間にか眠りに落ちていた。


　夜半、目が覚めた。

　何とも騒がしいのだ。

　大部屋に大勢の笑い声が響いている。

　それは大人の男達が腹の底から笑う声、大人の女達が上げる甲高い笑い声が入り混じったものであった。

　大広間で酒盛りを続ける大人達の歓声が、ここまで聞こえているのか、と思った。

　だが、笑い声は部屋の中から聞こえている。

オレンジの常夜灯に照らされた室内には、従兄弟達がそれぞれ寝転がっているほか、大人の姿は何処にもない。

にも拘らず、笑い声は滝のように頭上から雪崩れ落ちてくる。

見上げると、大部屋の天井に近い長押《なげし》に古い白黒の肖像写真が何十枚と並んでいる。

和装、軍装、いずれも丸い鼻に太い眉、濃い髭が特徴的で、知らない顔のはずだが何処か見覚えがある。親戚や父親にも似て見える。恐らくは、御先祖の類だろうか。

その写真に写る御先祖達の視線が、一様に勝俣君を見下ろしている。

そして、それらが皆、哄笑している。

耳を塞いでも無駄で、頭の中に劈《つんざ》くような笑い声が響き渡る。

畏れるより何より、勝俣君の頭の中はある一つの感想で一杯になった。

「……ああああああ！　んもう！　うるせえええええ！」

力一杯叫んでも笑い声は止まらない。

「うるせっ！　うるせっ！　だまれ！　うるせえええ！」

耳に指を突っ込んで叫んでいると、従兄弟の一人が眠い目を擦りつつ起き出してきた。

「……どしたの？」

従兄弟が訊ねた瞬間、哄笑は止まった。

通訳とコンサル

実話怪談を書く人、つまり実話怪談作家には幾つかの分類がある。

・自身も何らかの体験をしており、自身が〈視える〉人。

・自身は視えないが、体験をした身内（親族、友人・知人など）や寄せられた体験談などから、そうしたものの存在を肯定している。

・自分自身は視えないが、適うことならいつか視てみたい。

「そうしたものの存在が大好きだから怪談を書いている」という怪談作家が恐らく多数派だろうと思うのだが、全ての怪談作家が等しく〈幽霊大好き〉とも限らないので、ここでは断定はしないでおく。

これは実話怪談本を好んで買う人も同じで、同様に次の幾つかに分類される。

・自分自身も〈視える〉、或いは何らかの体験をしたことがある。

・自分自身は何も視えないが、身内から間接的に体験を聞いたことがあり、そうしたものの存在を肯定している。

・自分自身は視えず、身内や知り合いにも体験者はいないが、いつかそうしたものを自分も視てみたい、体験してみたいと思っている。

比率で言えば、〈いつか体験してみたい〉の割合が最も多いのではないだろうか。機会があったら読者アンケートを試してみたいくらいだ。

そうした「自分は体験したことがない」人々は、体験者がその身で経験し人によっては日常的に目撃し続けていることについて、どう理解しているだろうか。

これまでの取材経験などからすると、体験者側にも幾つかの類型があるようで、
・酷い目に遭うので自分の能力と境遇を疎《うと》んでおり、可能なら解放されたがっている。
・酷い目に遭うが、その能力で他者の役に立てないかを考える。
・自分が特殊であるかもしれないことについて、できるだけそれを他者に気付かれないように隠そうとする。他人に対して幽霊など視えないふりをする。
・自分にそうしたものが〈視えている〉ことを、視られている側であるこの世ならぬ者達に気付かれないように隠そうとする。幽霊に対して視えないふりをする。
これらは、「視えたところで良いことなどない」「視えたことで面倒事に巻き込まれる」というような、ネガティブな体験から来ている人が多いようだ。

大抵の（酷い目に遭った経験のある）体験者は異口同音に似たようなことを仰るので、やはり「酷い目に遭う」のがデフォルトなのかもしれない。

＊

——それで、〈視える〉ようになったのはいつ頃でしたか？

「私が小学校五年生のときだと思います」

木島さんが小さい頃、オカルトがちょっとしたブームだったのだという。

日本では定期的にオカルトがブームになることがある。江戸、明治、大正にも遡れるのだが、我々に比較的身近に感じられるくらいの〈昔〉に留めると、終戦後のカストリ雑誌時代、オイルショック後のオカルト漫画や終末予言ブーム、それからバブル崩壊後のＪホラーブーム、リーマンショック後の都市伝説ブーム、などなど。

——いつ頃です？

「私の場合は、『トイレの花子さん』でしたね。学校で流行っていて」

彼女の入り口はテレビ番組だった。

Ｊホラーブームの流れに乗ったオカルト番組が雨後の竹の子の如く地上波を席巻していた頃で、連日毎週「幽霊はいる」「守護霊はいる」という趣旨のコンテンツに溢れていた。

木島さんは、見ず知らずの恐ろしい何かを視たかった訳ではなかった。

もし背後霊、守護霊といったものがこの世に本当にいるとして、縁も所縁もないものが付き従って「守って」くれるはずもない。だから、守護霊がいるとしたら、それはきっと良いものであるはずだ、と考えた。

それで、「自分も守護霊を視たい」と考えた。

「だって、自分を守ってくれてる視えない誰かがいるって、素敵じゃないですか」

当時の木島さんにそのやり方が分かる訳でもなかったし、調べる方法があった訳でもないから、彼女は実にシンプルな方法でそれに挑んだ。

「とにかく、強く念じるんです。守護霊視たい守護霊視たい、って」

身近にいた友人に向けて、素朴な願いを強く念じてみた。

すると、友人の傍らにそれまでと異なる何かが佇んでいることに気付いた。

テレビの再現ドラマのように明確に像を結んでいる訳ではない。

霞が掛かったような、或いは磨りガラス越しに見るような白くぼんやりした人影。

それが、友人の隣に確かにいる。

緑色の優しいオーラを出した人……だとは分かるのだが、ぼんやりしすぎていて人相や特徴までは分からない。

それでも、それが〈誰〉なのかは、これも何となく分かった。

「向こうから話し掛けてくれるんですよ。と言っても、声が聞こえるとかじゃなく、言葉を発しているのでもなく……念というか、意思や意向や気持ちが何となく分かる、みたいな。その意識で、その守護霊がどういう立ち位置なのだか分かる、くらいの感じですね。そういうふわふわしたものです」

木島さんは、これを「微弱な能力でパッとしない話」と謙遜されるのだが、これも能力者あるあるという奴で、「無能力者からしたら、それだって大したことになってますよ？」と思えてくる。

——では、これを契機に能力が開花していったんですか？

「あ、そうでもないです。高校生になったら急に視えなくなりました」

＊

こうして発現した能力が突然失われるという逸話も、実話怪談では屡々《しばしば》聞かれる。よく知られているのは「二十歳を超えたら」という加齢（年齢の節目）によって起きる変化の類だが、これが女性に限れば〈女性としての人生の契機〉に合わせたように、能力の発現や喪失が起きるという話は珍しくない。

小学五年生で発現した木島さんの能力は、高校に上がる頃には消えてしまったのだが、大学に進学した頃に再び現れた。

「大学は京都でして。出身はもう少し西のほうなので、進学と同時に生活の場は京都に変わりました」

京都はエキサイティングな町であったらしい。

それまで、〈強く念じればぼんやり守護霊が視える〉という程度のものだった木島さんの能力は、格段に覚醒した。

京都は、日本国内に於ける怪談の総本山の一つであると思う。

千年の時を超えて語られる鬼の物語や、古代から続く人の怨みの物語、応仁の乱から幕末維新に跋扈《ばっこ》した人斬りの群れに至るまで、古都に血煙の伝承は絶えない。

「こんな場所、何もないほうがおかしいのだ」と、京都に縁を持つ怪談作家、怪談語り部の多くが口を揃えるが、実際のところどうだったのか。

「能力が研ぎ澄まされた、或いは格段に底上げされたような気はします」

明確な理由に心当たりはなく、本当に分からないのだという。

「ただ強いて言えば――大学一年の頃ですね。友人関係に悩んでいて、精神がネガティブなほうに振れていたことが原因かもしれない」

その頃のこと。

友人と顔を合わせるのを何となく避けていたこともあり、昼休みは一人で過ごしていた。

ふと見ると、学食に小さな子供がうろちょろしていた。

歳の頃は小学校低学年か、もしかしたら幼稚園児くらいかもしれない。

テーブルや椅子に身を隠し、こちらを窺《うかが》っている。

いや、当人は隠れんぼをしているつもりかもしれないが、頭も手足もはみ出していて丸見えである。微笑ましい子供の戯れと言える。

誰かが兄弟でも連れてきたのだろうか、と思った。

木島さんが定食のプレートを突いていると、その子供は一直線に近付いてきてニカッと笑った。

「おねーちゃん！　あそぼ！」

と、抱きついてくる。

背中にしがみつかれ、思いがけない重さがずしりとのし掛かる。

「あーもう、やめてやめて」

払いのける訳にもいかないが——と、そこで感触に違和感を覚えた。

のし掛かられている。しがみつかれている。重さも感じている。

背中に腕に、確かな感触があるのに〈そういうことではない〉という気付きがある。

この子は本当に、ここにいるのか？

木島さんは、言葉を選んだ。

「私、御飯食べてるんよ。相手できひんから、どっか行って？」

誰かに聞かれてもいいような言葉を選び、それでいてこの子の機嫌をなるべく損ねず、諦めてくれるように促す。

すると、フイッと背中が軽くなった。

「ちぇー！　おねーちゃんのケチー！」

捨て台詞のような、悪戯っぽい響きの一言を残して、その子は去った。

それまで、聞こえるのは「念」やら「ぼんやりした意思」やらだった。

だが、はっきりと声が聞こえるようになっていたことに、このとき気付いた。

*

京都にいると能力が底上げされる、とはこのことだろうか。

当時、京都でのこうした遭遇は日常茶飯事だったようだ。

「うーん。京都は幽霊の人口密度も高いせい、じゃないでしょうかね」

道を歩けば霊に当たる、とはこのことか。

この頃になると、〈霊は夜視えるもの〉〈頑張って視ようとして視るもの〉というルールには当てはまらなくなっていた。正に、のべつ幕なしであった。


大学二年のとき、河原町三条辺りで信号待ちをしていた。

時間は昼日中、よく晴れた日であった。

横断歩道の向こう側で、何人かが信号が変わるのをぼんやり待っている。

その中に、灰色のスーツを着たサラリーマンが立っていた。

薄幸そうな妙に影の薄い人物なのに、どうにも目を惹かれる。

知り合いでも顔見知りでもないのに、何故だろう。

首を捻っているうちに、信号が青に変わった。

このとき、瞬きをした。

その瞬きの一瞬で、サラリーマンは消えてしまった。

影が薄い人物と思っていたが、そうではないことに気付いた。

薄いのではなく、影がなかったのだ。

周囲の人々の足元にはくっきりとした影があった。

強い陽差しを浴びて、顔にも身体にもメリハリの利いた影があった。

そのサラリーマンにだけは、そんなものは何もなかった。

だから、それは人ではない。

人のようなふりをして、いや当人も自分が死んだことに気付いていなくて、生前と同じように通勤か、営業でもしているつもりだったのかもしれない。

「あれは〈社畜の霊〉だったんですかねえ。この、瞬きの瞬間に視える、瞬きしたら消える、っていうパターンは私は結構多かったと思います」

この現象について、木島さんは〈チャンネルが合う〉という言い方をしていた。

例えば、テレビ。例えば、ラジオ。

今のテレビやラジオはそうでもないのだろうが、一昔も二昔も前のアナログテレビやAM、FMラジオでは、周波数をぴったり拾わなければ画像は映らず音声も拾わなかった。

ダイヤルをそろそろと回して、周波数が合うと鮮明な映像が見えたり、音楽が聞こえたりした。少しでもずれると砂嵐になり、ガーガーというノイズばかりになる。

そして、適当に変えていても周波数がぴたりと合えば、また映像や音声が明瞭になる。

これも、京都という人口の多い、そして人口密度も高い町に出てきたからなのではないか、と木島さんは考えている。地元に比べれば京都のほうがずっと人が多い。そして人が多ければ霊も多い。自然、遭遇機会も増える。

能力が高くなったというよりは、幽霊の人口密度が高くなったから遭遇率も上がったのでは、ということらしい。

能力が低いままなら、どれほど幽霊が多くても見えないままなのでは……と僕は思ったが、話の続きを促した。

*

この頃、木島さんに彼氏ができた。

京都という土地は、東京とはまた別の意味でデートスポットに困らない。市中も郊外もその多くが歴史や伝統や曰くに彩られており、好んで京都に進学してきたような学生にとって、見どころしかない。在学中に行けそうなところは全て行っておきたいということで、地元を出て京に上ってから随分あちこち見て回った。

京都は早くから古都として知られ、名刹も数多い。加えて全国や世界各地からの旅行者を迎え入れてもいる。古くから知られた名所の多くは、粗方観光化され訪問客が出入りできるようになっている、ようなイメージがある。

だが、そんな中にあって、ごく最近まで私有地として立ち入りできなかった施設が一般公開されたという。しかも、期間限定公開である。

「それは見ておかなければ」

こうした非公開施設は、次はいつ見られるか分からない。

ならばと、彼氏と連れ立ってやってきた。

地下鉄東西線蹴上《けあげ》駅を降りてすぐのところに、幾つものお屋敷、別荘が建ち並ぶ界隈があるのだが、そのうちの一つがこの日の目当てであった。

何棟かの建物と見事な庭園に囲まれた広大な邸宅である。

見どころは本邸の南にある池を囲む日本庭園だろうか。

そこへ向かう途中、一般公開のために設けられた入り口を入ってすぐのところに、木造二階建ての洋館があった。

洋館はちょうど見頃の躑躅《つつじ》の花々に彩られ、まるで赤く燃え上がっているかのように思えた。

洋館を取り囲むように植えられた躑躅の傍らに、袴姿の青年がいた。

淡く藍で染めた着物に、同じくより濃い藍で染め付けられた袴。

着物の内に着込んだ開襟シャツの白さが際立っている。

短く整えたレトロな髪型が、色白で端正な顔立ちの青年によく似合っていた。

正に、書生そのものの出で立ちである。

〈なるほど、雰囲気を損なわないための演出かあ〉

明治初期に明治政府に接収され、当時の傑物がこぞって居を構えた——というのが、この界隈にある別荘群の成り立ちであるらしい。

ならば、確かに明治風、大正風の受け付けやガイドがいれば、庭園の雰囲気を損なわない。なかなか洒落た演出である。

京都は普段から日常着を着物で過ごす人も珍しくはないし、浮かれた観光客が着物を羽織って市中を闊歩《かっぽ》する姿にも慣れている。だから、雰囲気作りのためと思しき、そういう制服を着る書生さんパフォーマンスがすんなり入ってきた。

ただ気になったのは、件の書生さんの表情がやたらと暗いことだった。

悲しそう、辛そう、何か思い詰めて悩んでいそう。

その表情の暗さは、接客仕事の最中とは思えない。だとすると、ガイド役ではないのだろうか。

書生さんは、躑躅の傍らから洋館の窓を食い入るように覗き込んでいる。

確か、建物のほうは公開されていないとのことだったが、室内に何か気になるものでもあるのだろうか。

どうにも気になってしまい、足を止めてそちらを見た。

瞬きをした。

目を閉じたのは本当にその一瞬だけだったのだが、その刹那、書生さんは消えた。

「……えっ？　えっ？」

「どうしたの？」

木島さんは彼氏の腕を掴んで言った。

「書生さんは？　今、そこに書生さんいなかった？」

「へあ？」

「そこの洋館の前に、着物姿の男の人いたでしょう？」

彼氏は、ええ？　と首を捻る。

「そんな人いなかったよ？」

「いたよ！　いたって！」

躑躅の植え込みまで行って調べ、躑躅の根元を調べ、洋館の周囲も調べて回った。

だが、人が瞬時に身を隠せるような場所は何処にもなかった。


件の庭園「何有荘《かいうそう》」は今も蹴上に現存している。

木島さん達が書生さんを見かけてから暫く後、何有荘は不動産を巡るトラブルを経て所有者を転々と変えた。

書生さんが頻《しき》りに気にしていた洋館は、設計者が教鞭を執っていた大学のキャンパスに移築されたため、今は蹴上にはない。

書生さんが何を思ってあの場所、あの洋館に固執していたのかも知る術はないのだが、彼は今もあの庭園にいるのか、洋館が移築された大学のキャンパスにいるのか、少し気になるところではある。

*

その後、大学を卒業した木島さんは何とか就職戦線を切り抜け、京都で職にありついた。

しかし、就職先はあまり待遇のよくない、言うなれば社畜強要系ブラック企業であった。

人格を全否定されながら働く新人時代、木島さんのメンタルは極めて厳しい状態に置かれていた。

言うなれば、魂が〈負〉の方向に激しく偏っていた。

その結果、強く念じなければ視えてこない守護霊――には収まらないものが視えるようになり、いつもなら近付いてもこないような雑魚にすら寄りつかれるようになった。

勤め先からの帰り道、路上を走るものがあった。

人ではなく、猫より小さい。

大きさで言えば鼠《ねずみ》くらいか。

それが、何処からか現れた。

〈鼠?〉と認識した途端、それは〈鼠〉の姿を成した。

その鼠らしきものは、たちまちに木島さんの足元に詰め寄り、その身体に纏わり付く。

〈あっ〉

それは鼠ではあったが、鼠ではなかった。

この世の鼠ではなかった、というべきか。

肉体もない鼠の群れが木島さんに群がっているのである。

身体もないくせに、重さだけは一人前。それがどんどん増えていく。

このときは、アパート近くまで辿り着いていたことが幸いした。

アパートには向かわない。ごく近くに上賀茂《かみがも》神社がある。人には見えない鼠の群れを集《たか》らせたまま、彼女はそこへ駆け込んだ。

「そのまま御神酒代わりに手水を少し貰ってきて、アパートに帰って禊《みそ》ぎみたいなことをしたら、鼠は散っていきました。雷の神様、強い」

それが妖かしの類かどうかは分からない。だが、彼女は〈鼠の幽霊だった〉と言った。

＊

就職してすぐの頃、友人にドライブに誘われた。

「今から夜景見に行かない？」

車を出してくれるから一緒にどうか、というお誘いだった。

友人は、他に男性を二人連れてきた。

友人と木島さん、友人の知り合いだという男性二人。彼等とは初顔合わせだったが、車内はなかなか盛り上がった。

京都は山々にぐるりと囲まれた盆地だが、山のほうから市内を見下ろす夜景スポットには事欠かない。

「着いた着いた」

と、友人が車から降りたそこは、将軍塚の駐車場だった。

将軍塚には確かに京都の夜景を楽しめる展望台があって、夜景スポットであることに嘘はない。ないのだが、

「そういえば、知ってる？　ここ心霊スポットなんだよね」

「ええええ!?　やめてよ、もう！　変なところ連れてこないでぇ」

木島さんが〈視える人〉と知った上でのこの狼藉《ろうぜき》である。

「どう？　何か見える？」

ちょうど、時季としては紅葉シーズンに入りかけたところだった。

この辺りは紅葉狩りの名所でもある。

かなり遅い時間だったが、結構な人出がある。

それが、「夜の紅葉狩り」なのか、別の目的があるのかは分からないのだが、こんな時間にも拘らず、辺りは結構賑わっていた。

うらめしや、と何かが出てこられるような雰囲気でもないため、怪異らしきものが起きそうな様子もない。

「うーん……特に変な気配はない、かな」

「そっか」

友人は残念がったが、今日はそういう日ではない、ということなのだろう。

いつもいつも、のべつ幕なしに視えている訳ではないのだ。


その後、将軍塚の近場の青蓮院《しょうれんいん》門跡の庭などを冷やかした頃には、夜十一時を回っていた。

「じゃあ、もうぼちぼちお開きにしようか」

「お住まいの近くまで送りますよ」

じゃあよろしく、と道案内をしようと助手席の後ろの席から窓の外に視線を移す。

車は将軍塚から下って国道に合流するY字路に差し掛かった辺りで、道路の左脇に人影が見えた。

妙に小さい。そして、白い。

白いシャツに短パン。それから白いスニーカー。

白く見えたのは、白いコーデで固めているからか。

ああ、子供かあ。

小学生の男の子かな。低学年かなあ。

と、そこで違和感を覚えた。

夜の十一時に？

保護者もなく？

〈迷子かな〉

迷子だよね。迷子に違いない。迷子だといいな。

――いや、よくはないな。迷子だったら、保護しないと。

木島さんは友人に声を掛けた。

「ねえ、さっきの子、こんな時間にこんなところで一人って大丈夫かな」

「何のこと？」

「さっきの男の子だよ。近くに親とかいなかったし、迷子か、でなきゃ家出とか。ちょっと心配なんだけど」

「男の子？」

「いたんだって。車停めて少し戻っ……」

そのとき、車窓を看板が過ぎっていった。

『↑京都市中央斎場』

ああ、そうか。

あの子、死んだことに気付いてない。

何故死んだのかは分からないが、自分が死んでいるという自覚がないまま、自分の肉体を最後に認識できた場所——斎場の近くを彷徨《さまよ》っているのだ。

家に帰ろうとして、両親の姿を探して。

ただ斎場は、その子の家や普段過ごしている町からは大分離れていて、見慣れない場所にあったのだろう。だから、今いる場所が何処なのかすら、その子には理解できていないのだ。

故に、迷うことしかできない。正に、迷子。

「あっ……あー、ごめん。いいや忘れて」

帰りの車内で、友人や男性二人は「幽霊見たの？」「こっわ」「やべえ、怖い」と盛り上がっていた。が、木島さんにはそれが何処か空虚に感じられた。

＊

夜景ドライブは実質的にはほぼ合コンだったので、後日また誘われるかもと期待していたのだが、彼等からは連絡先すら訊かれなかったのでそれっきりである。

木島さんは、「怖い霊」には殆ど出会ったことがないという。

先の鼠くらいだろうか。

学食の子供は迷惑だっただけで、怖くはなかった。

路上のサラリーマンや書生さんのようなものは割と頻繁に遭遇していたようだが、それは道すがらに〈視かける〉だけで、縁ができる訳でもない。

「だから、出会うのはいい人(霊)ばかりですね」


彼女の生い立ちについて少し触れてみる。

木島さんは早くに身内を亡くしている。父方の祖父母、母方の祖父は故人である。

そして、実父も既にこの世になく、先頃、従弟が此岸《しがん》を去った。

――それは、寂しいですね。

「いえ、そうでも。身内は〈呼び出せる〉ので」

ん? んんん?

――呼び出せる?

「呼び出せます。呼び出せるし話もできますよ」

元々親族であることもあってか、付き合いの濃さか血の濃さなのか、木島さんが言うところの〈チャンネルが合いやすい〉らしい。

だから、呼び出せる。

木島さんの御親族の誰もがそういう能力をお持ちである訳ではないらしい。

らしいが、木島さんにそういう力があることは御親族の方々も承知されているようで、身内が死ぬとその遺族から言伝《ことづて》を頼まれる。

「こないだ死んだあの人、今どうしてる？」

「早く死に過ぎだと思うんだよ。文句言っておいてくれない？」

などなど、カジュアルに頼まれる。

——それは、この世からあの世への伝言、という形になるんですか？

「いえ、向こうからこちらへの伝言もありますよ」

皆には故人は見えも聞こえもしないので、見えて聞こえる木島さんにその役が回ってくる訳で、専《もっぱ》らあの世とこの世の通訳扱いになっている。

「例えば、母方の祖父ですね。この人は、生前もうほんと洒落者で道楽者だったんです」

昭和一桁戦前生まれの神戸っ子で、テーラーで三つ揃いのスーツを仕立てるほどのオシャレ好き。進駐軍のクラブで演奏されるジャズを目当てに大阪まで毎週通うほどの音楽好きで、独身時代は女遊びも派手な陽気な酒好き。

そんな母方祖父がぽっくり逝った。

逝ったのだが、どうも未だ〈あの世〉には向かっていないらしい。

母方祖父も死んだらきちんとあの世に行って、生き直しというのか来世への生まれ変わりというのか、次の生のための準備やら修行やらをしなければならない、ということになっていた。

いたのだが、未練というか、やり残した心残りがある。

そうした、現世へのやり残しみたいなものは片付けていかなければならない。

「それで、母方の祖父のやり残したことというのがですね、主に旅行ですね」

酒落者で道楽者。放蕩《ほうとう》者というほどではないものの、晩年はあちこち出歩くのが楽しみの人だった。あれだけ遊び回ったのだから、さぞやこの世に未練は残っていないだろうと思っていたら、「まだ行ってないところがあるから」ということで、死して尚、旅行三昧、温泉三昧をしている、という。

——それはアレですか。電車に乗って？

「そうです。電車に乗って。公共交通機関、幽霊でも乗れるみたいですよ。まあ、改札通るときも他の人には見えてないから」

——その……お祖父さんの話はいつどうやって聞いたのですか？

「ああ、呼べば来てくれるんですよ。そのときに。没後十年過ぎたら流石にあの世で暮らすことが多いそうなんですが、母方の祖父は呼べば来てくれるんでまだ生まれ変わってないみたいですね。この間も、〈別府温泉行ってきた！　ええ湯やったで！〉ってほくほくしてました」

——亡くなってるんですよね？

「亡くなってますねえ。楽しんでるなら何よりかな、って」

＊

「こないだ従弟が亡くなりまして。その従弟から死後に聞いた話によると、死んだらすぐに挨拶回りに行くんですって」

つまり、〈生前はお世話になりました〉と、生前お世話になった人々のところに化けて出……挨拶をして回るということらしい。

ただ、法要までに挨拶が回り切れなかったり、人の縁が片付かなかったり、要するに未練が多すぎるとなると、あの世で暮らすためにちゃんと未練を断ち切るための努力をしていかなければならない。

そういった未練を断ち切ることの中に、旅行に行きたかった、誰々に挨拶したかった、みたいな些事《さじ》（当人にとっては大事）が含まれてくる。

一周忌、三回忌など節目や区切りを重ねるうちに、徐々にあの世で暮らす時間を増やしていって、この世に留まる時間を減らしていく。

「従弟も挨拶回り以外に、生前に行きたがってた岐阜城まで旅行してきたらしくて」

名古屋まで、新幹線と各駅停車のローカル線を乗り継いで行ってきたのだそう。

――ここまでで、ちょっと気になったんですが、そういった〈未練を減らしていく〉とか〈死後のライフスタイル〉については、どなたが導いて下さるんですか？

「あー、それはこないだ従弟から聞きましたが、レクチャーしてくれる上位存在がいるらしいです。先生みたいな」

――それは神様や仏様の類です？　何かこう宗教的な、信仰的な存在みたいな。

「全然そういう雰囲気の人じゃないらしいんですよ。上位存在、っていうのが一番しっくりくるみたい」

なるほど、成仏コンサルか。

木島さんの力は、生前木島さんと深い付き合い・繋がりがあるか、血の繋がりが濃いほどに強く発現するようで、お身内であれば声も聞こえて呼び出しもできる。

身内以外の他人の背中に憑いている守護霊も見えない訳ではない。

「でも、縁が薄いとそこまでではないですね。性別と体格くらい。言ってることも、好意的か敵対的か、くらいしか分からないんです」

仲の良いママ友の背中に、老いた守護霊が二人いた。

その人々は「いつもこの子と仲良くしてくれてありがとうね」というような、感謝のニュアンスを伝えてくる。

歳格好からママ友の祖父母ではないか、と思われたが、それ以上詳しいことは聞き取れない。

「このときはお年寄りの姿で見えていましたけど、守護霊の……霊の姿って、必ずしも死んだときの年齢のままじゃないんですよ」

例えば、亡くなった木島さんの実父は、三十代半ばから四十代前半くらいの姿で現れることが多いのだという。

「父が亡くなったのは五十歳のときなんです。でも、〈娘〉の私の前に現れるときは、私が〈お父さん〉と認識していたときの年齢で出てくるんじゃないでしょうか」

父と娘として接していた、最も濃密な時間を過ごしたときの姿で像を結ぶ。

一方、高校時代からの父の友人の前に現れるときは、二十代後半から三十代前半くらいの若々しい姿で現れる。

もちろん、父の友人に父の姿は見えていない。

それでも、深く、濃く付き合っていた時期、そのときの年齢に合わせて、死後の外見年齢と精神年齢も変動しているのではないか、というのが木島さんの見立てである。

*

前述の木島さんの従弟が亡くなった後の話。

通夜、葬儀と、若いお坊さんが殊更《ことさら》熱心に経を上げてくれた。

葬式を一人で任されるにはまだ少し早いようにも思われたが、このお坊さんは実は生前、従弟と最も親しかった親友であったという。

「この世に未練を残さず、極楽浄土へ旅立ってほしい。そう願いながらお経を上げさせていただきました」

会葬者を前に、法話を説いて会を締めくくる。

従弟はその法話を、お坊さんの傍らに立って〈うんうん〉と頷きながら聞いている。

そして、葬祭場の玄関まで親友のお坊さんに付き添っていき、

「わざわざ丁寧にお経上げてくれてありがとう。気を付けて帰ってね」

と見送っている。

（いや、見送られるのはアナタでしょうが！）

と突っ込みを入れたくなるのを堪え、不謹慎と叱られまいかとドキドキしながらそのことをお坊さんにも伝えると、

「僕が見送るつもりでお経上げたのに、見送られるとは思ってませんでした。でも、あの人っぽいですねえ」

お坊さんは、そう笑いながら帰っていった。

*

こうした能力は、女性の場合、初潮、破瓜《はか》を契機に消えたり強まったりすることがあるが、もうひとつそうなる契機がある。

それは、子供に力を継承して出産と同時に能力が消える、というもの。

「ああ、人生の節目節目の増減って確かにありますよね。私の場合、長男を生んだ後、更

に力が強くなった気がします」

なるほど、母が強くなるほうのケースであったか。

先代の力が消えて子孫へ継承されるケースの他に、先代はそのままに子供にも能力が複製されるケースがあるが、お子様がまだ幼いうちはそれを確かめる術はない。

木島さんの一族の中では、母上と叔母様が夢見の能力があるとのことで、祖父や父が夢枕に立つことがあるらしい。木島さんの能力が抜きんでて強い理由は分からないが、御親族がそうした彼女の能力について特に違和感を感じている様子がないのは、先代である母上と叔母様の薫陶によるものかもしれない。

しかし、やはりこれは母系遺伝の能力であるようだった。

ということは、将来木島さんに娘さんが生まれることがあれば或いは――。

いや。いやいや。こんな臆測はよくない。

「まあ、こんなの視えても面倒なだけですからね。まずは長男にこの力が移らずよかった、と思うことにします」

たぶんもう一度ある

座間のとあるディスカウントショップの話。

神谷さんはその日、一階の女子トイレに入った。

個室の一つから、がさごそと音がする。

〈誰か使用中かな〉

と、その隣の空いている個室に入った。

その間も、何やら音がする。

衣擦れ、息遣い、硬いものがトイレの壁にぶつかる音。

トイレを使う音にしては随分と賑やかしいが、用足しを終えて出るところなのかもしれない。そう考えて、神谷さんも用足しを済ます。

その間、物音が続く。

身だしなみを整えて個室を出る、その瞬間まで隣から物音が聞こえ続けていた。

個室のドアを開けて隣を見ると、誰もいなかった。

他の個室にも誰もいなかった。

このテナントでは、ディスカウントショップが入る前に別のスーパーマーケットが入っていたのだが、そのときも同じ女子トイレで同じ経験をしている。

「二度あることは三度あるって言うじゃないですか」

だから、たぶんもう一度あると思う。

体育座り

芳治君が、介護助手として病院に勤める母を送迎したときのこと。

病院勤めは時間がどうにも不規則になりがちで、このときは深夜勤との交替時間が零時を回るくらいの時間だった。

彼が運転する車が病院に着いたのは、零時半頃である。

疲れた顔に空元気を張り付けた母をシートに押し込んで、病院の駐車場を出る。

辺りに人がいるような時間帯ではないのだが、辺りを確認しながらハンドルを切り、ガラガラの路上に出る。

と、病棟の壁際に人影があった。

両膝を抱え込み、蹲《うずくま》っている。

所謂、体育座りをしているようなのだが、その風体には違和感があった。

上半身は裸で、下は短パンのみ。足元は分からない。

顔は膝から少し擡《もた》げているのだが、真っ黒で表情が分からない。

――いや、待て。待て待て。あいつ、行きに通り掛かったときにいたか？

記憶を巻き戻してみる。

ここを通ったのはほんの五分前だが、誰もいなかったように思う。

そして、季節は二月である。

半裸で座り込んでいられる季節ではないだろう。


その翌日、やはり母の送迎で病院に出かけた。

気になったあの場所に意識を向けるのだが、どうにも見えにくい。

というより、運転をしているとき、シートに座ってハンドルを握る姿勢だと、その場所は視界に入らないのだということに気付いた。

姿勢を変えても、車線を左右のどちらに寄せても変わりはない。

何故、あの日のみ、はっきり見えていたのかは分からない。

体育座りが陣取っていた場所は暫く妙な気配に包まれていたが、数日でそれも消えた。

夜勤の夜

その日の手術は大層な難手術だった。

予定していた時間を大幅にオーバーし、無事閉腹したのは夜半過ぎ。長時間の手術に耐えた患者さんもさることながら、執刀を担当したドクターもオペ看も、関わった全員がへとへとに消耗していた。

ドクター達は手術終了を待ち侘びた患者の家族に術後経過を説明し、患者は用意されたＩＣＵに運ばれていく。緊張感に包まれていた手術室から、人の気配が減っていく。

とはいえ、ここで仕事が終わりにはならない。

手術に用いた機材を片付け、室内を汚染《コンタミ》した出血などを清掃しなければならないし、メスやペアン、コッヘルなど使用済みの手術器具の洗浄、消毒も必要だ。

そうした後片付けも、一定以上の専門知識が必要ではある訳で、清掃業者に丸投げという訳にもいかない。看護師の仕事はまだまだ続くのである。

「じゃあ、矢木沢は手術室の清掃ね。駒田と俺で洗浄やるから」

指示を受けた矢木沢を手術室に残し、大山先輩と新人の駒田は洗浄室に向かった。

「……うっ、寒っ」

時間は夜中の二時を回っている。

術前に降り始めていた雨は、いつしか雪に変わったようだ。

雪のせいか、それともさっきまでの喧騒が落ち着いたせいか、院内が静まり返っているように感じられる。

二人掛かりで使用済み機器を洗浄室に運び込むと、室内にある内線のインターホンが鳴った。

「矢木沢かな」

大山先輩が「はいはい、どした」と内線を取ると——。

『ああああああ、ああああああああああああ、ああああああっっっっっっ!!』

絶叫。

止めどない絶叫。

絹を引き裂くとか、か細いものではない。内線のスピーカーが音割れするほどの大音量で響き渡る、大絶叫である。

こうした絶叫を聞く機会は、仕事柄ないではない。

運び込まれた急患に、まだ意識がある場合。

意識を喪失しているか、肺をやられて呼吸もままならない患者からは、こんな叫びを聞くことはない。

手足や頭部に何らかの外的損傷を受け、想像を絶する痛みと自身に何が起きているのか図りかねる不安。なのに意識は失わずにいる——そういう状態の患者が、理性的に人語を選ぶ能力を失い、ただただ力の限り叫ぶだけの状態に陥っていることがある。

断末魔とは違うのだが、死への恐怖と生への渇望が綯《な》い交《ま》ぜになって、ただ叫ぶしかできなくなっている。

内線から聞こえてくるのは、そういう叫びだ。

叫び切った後、通話は切れた。

「な、何です？」

駒田は目を白黒させている。

追加の急患か、それともさっき手術を終えたばかりの患者が意識を取り戻したのか。

大山先輩は駒田よりは若干冷静だった。

急患にせよ、患者が意識を取り戻したにせよ、内線から聞こえてくることはない。

内線はスタッフ専用の設備である。担ぎ込まれた急患が咄嗟《とっさ》に触れる場所にはないし、術後の経過を観察される病室にもＩＣＵにも、患者の手の届く範囲にあるのはナースコールであってスタッフ用の内線インターホンではない。

つまり――？

大山先輩は考え得る可能性を一つ一つ潰していく。

「何だろ。あっち系かな」

「あああ、あっち系とは⁉」

駒田の問いに返す間もなく、再びの絶叫。

――ああああああ、ああああああああああ、ああああああああああっっっっっっ‼

今度は廊下側から聞こえてきた。

大山先輩は、即座に洗浄室のドアを開けた。

廊下に人影はない。


「――手術室の清掃、終わりましたよー、っと。こっち、俺の手伝い要りますか？」

矢木沢が洗浄室のドアを開けると、大山先輩と駒田は内線の受話器を掴んで、何やら神妙な話をしているところだった。

「どうしました。術後急変？」

矢木沢は、この緊張感を説明しうる、看護師として真っ先に思いつく最悪を口走る。

「いえ、それじゃよろしく」

と通話を切ったところで、大山先輩は矢木沢に疑惑の目を向けてくる。

「おまえか？」

「何がです」

「いや、今、内線で叫んだのおまえか？」

「叫んでませんよ？」

どうにも要領を得ない。駒田も食い下がる。

「じゃじゃじゃあ、廊下で叫んだのは矢木沢先輩ですか？」

「叫んでないって」

「今、廊下通ってきたろ？　誰か見たか？」

「いえ、誰も。っていうか、何。何なの。俺、何を疑われてんの」

手術室は気密性が高いため、外からの音が聞こえないのは仕方ないかもしれないが、大山先輩と駒田が聞いた叫び声を矢木沢は全く聞いていない。

「患者さんの徘徊の可能性が高いんじゃないすか」

「俺もそれかなーって」

入院患者に異状があればナースステーションが反応しているだろうが、その様子はない。

そもそも、このフロアには手術室と器具洗浄室、家族待合室、それとＩＣＵくらいしかない。徘徊できるくらいに元気のいい患者はいない階層である。

後は侵入者くらいしか思いつかない。

「矢木沢が俺達に悪戯仕掛けてきたんだったら、とっちめてやろうかと思ってた。まあ、警備員さん呼んだから、異状ないか一応見てもらおう」

間もなく守衛室に詰めていた警備員がやってきた。

彼は道すがら院内を見て回ったが、不審な人物はなし。施錠済みの施設への侵入形跡もなし。トイレに潜んでいるとか、そういうこともなかったらしい。

「異常なしです。念のため、もう一度調べながら戻りますが、手術室の周囲には不審者や患者さんは特に見かけませんでしたよ」


大山先輩は慣れた様子だったが駒田はまだおっかなびっくりである。

「おまえ、そんなんじゃこの仕事やっていけないよ」

などと説教を受ける駒田の代わりに、矢木沢が三人分の夜食を買いにいくことになった。

フロアの照明は全て落ちている。

廊下は暗く、家族待合室の明かりも消えている。

ごく稀にドクターが待合室のソファーで力尽きて寝落ちしていることがあるが、この日は仮眠室のベッドに十分な空きがあったのか、家族待合室は無人だった。

――と、矢木沢の耳元で誰かが囁《ささや》いた。

『死んだ。また、誰か、死んだ』

思わず振り向く。

非常口を示す誘導灯が緑色に淡く光っているだけで、何処にも人はいない。

そう、誰もいない。

ニーチェ曰く

〈ちょっとエラい怪我をしまして〉

赤城さんから自撮りの写真が送られてきた。

ロッカールームのようなバックヤードと、腕まくりしている御自身の姿を写した一枚。

腕は肘を中心に赤黒く変色し、腫れ上がっている。素人目にも一目見て内出血と分かる。

「うわ、痛そう。どうしたのそれ」

〈コロナワクチンの五回目を打った後に、肘関節剥離《はくり》骨折やっちゃいまして〉

剥離骨折や亀裂骨折の類は、ぽっきり綺麗に折れてしまった骨折と違って大事《おおごと》ではないのだが、安静にしておくしかないので治りが遅い。亀裂骨折なら僕も経験したことがあるが、そのときは医師から〈いっそ完全に折れてしまったほうが治りが早い〉とまで言われた記憶がある。

「骨折でそんなグロい色になる？」

〈患部内出血ですわ〉

「あー。なんと。それはまさかのワクチン副反応」

〈んな訳あるかい〉

ワクチンのせいで……という話ではなく、単純に接種と運悪く肘を打ち付けた事故が重なっただけなのだが、ワクチンに懐疑的な人々が見たら諸手を打って〈そら見たことか〉と小躍りしそうなくらいには痛々しい。

〈そこまで大きな怪我じゃないんだけど、内出血は派手ですからね〉

実際、見るからに大変なことになっています、というのが分かる。

赤城さんは肘や腕が露出する制服を着ざるを得ない仕事であるので、長袖で隠すという訳にもいかない。

「まあ、僕もそうだけど、素人さんが見たら絶対にビビって勘繰りそうだよね。確かにそれ治るのに時間掛かりそうだし……」

〈……いやあ、それがですね〉

怪我をしたその晩のこと。

触らなきゃ、動かさなきゃ大したことはない、動けない怪我ではない。とはいうものの、痛みが全くない訳ではなく、関節に負担の掛かる動きをしようものなら覿面《てきめん》に疼痛《とうつう》と激痛が交互に走る。

えた。


「今晩、眠れるかなあ……」

最近、あまり夢を見ない。

赤城さんの勤め先は、コロナ禍の中にあって最も休まらない職業の一つである。ルーチンの仕事をコロナ対応が圧迫し、通常以上に疲労している。夢など見ないほど疲れている、というのはあるかもしれない。

が、夢を見ないことと関係があるのかその代償なのか、夢ではないものを見る機会が増えた。


先に言っておくと、幽霊の類ではない。

どちらかと言うと〈幻覚寄りの何か〉である。

それは、目を閉じると見える。

瞼の内側に、別の何かが見えるのだ。

目を瞑っているとはいえ、意識ははっきりしている。

だからこれは、どうあっても夢ではない。

だが、そこには自分の知るそれとは全く違う世界の光景が広がっている。

この日見えたのは、何処かの水辺だった。

沼か淵か、池か湖か。水たまりというほど小さくはなく、もっとずっと大きいが海ではない。

その水辺で、自分は水底をじっと覗き込んでいるのである。

自分の姿はない。何処か別の世界を自分自身の目で見ている。

そこが、別の世界だというのは分かる。

覗き込んだ水面の直下に、龍がいたからだ。

艶やかで赤い。

その体躯は、言うなれば〈赤べこみたいな赤〉に覆われている。

漣《さざなみ》一つないその水辺を覗き込んで、自分は龍を見つめている。

そして、赤い龍もまた水中からこちらを見上げている。

龍と視線が交錯し、目の前のそれをどう捉えていいか分からなくなった。

「え……えー。自分《おまえ》、龍やん」

思わず突っ込んでみたものの、龍は何のリアクションもない。

暫し、水面を挟んで見つめ合っていた龍は、やおらその長大な身体をうねらせると水底深く沈んでいった。

目を開く。

そこは、いつもの自室である。

夢なのか、とも思う。だが、繰り返すが意識は鮮明である。

眠っていた訳ではなく、自分は単純に瞼を閉じただけである。

少し長い瞬きを、「眠った」とは言い難い。

再び瞼を閉じた。

今し方の水辺が見える。自分は水辺を覗き込んでいて、先ほどとは寸分違わない。

と、水底から赤い巨躯がゆっくりと浮かび上がってきた。

先ほどは手ぶらだった赤い龍は、何やら手土産のようなものを携えてきた。

漆のような艶のある漆黒の塗料を塗りつけた木製の何かに、くすんだ金属が組み合わされているのだが、それの正体がよく分からない。

箱でもなく、器具でもない。少なくとも赤城さんの知識の中には、それを描写するに足る器物や品名が思いあたらない。

何かの道具であろうか。

赤い龍は、〈漆黒の何か〉を見せつけることで満足したのかどうか分からないが、龍も器物も水辺も、赤城さんの視界からゆっくりと消えていった。

もう、目を開いても繰り返し閉じても、あの水辺は見えてこない。

その翌朝のこと。

結局、あれは何だったんだろう……と赤い龍のことを思い返しつつ寝巻きから着替えているとき、それに気付いた。

〈いやー、それで不思議なこともあるもんで〉

肘を中心に腕全体をどす黒く覆うほどの、あの酷い内出血が半ば治りかけていた。

素人目にも完治数週間以上、本職の目から見れば当面腫れも内出血痕も引かないだろう、という見立てであった。

だが、腫れは引き、赤黒くなっていた肌には未だ黄変は残るものの、怪我の状態としては五割くらいは回復していた。

「一晩で全快、とかじゃないんだ」

〈何言ってんですか。怪我の翌日、一晩で半回復とか医療的にもあり得ん早さでしょ〉

言われてみれば確かにそうなのだが、その筋の専門職からしたら首を傾げるタイプの怪異であるという。

赤い龍、黒い器物と、赤黒い内出血痕の関連性は分からないのだが、関連性はそれしか思いあたらない。

去りゆく君へ

遠藤さんと山下兄弟は、もう何年も家族ぐるみの付き合いをしている。元々は、山下兄弟の兄の勝彦と遠藤さんが中学で同級生になったことから始まった縁である。

家が近所であったことから、遠藤さんと勝彦、その弟の陽介の三人は、互いの家をよく行き来した。遠藤さんの家が店をやっていたこともあって、山下兄弟の家族も何かに付け店を訪ねてくる常連客になっていた。

山下兄弟のお袋さんは遠藤さんも可愛がってくれた。

「もうね、遠藤君はうちの三人目の息子みたいなもんだから！」

と、事ある毎に面倒を見てくれた。

そんな具合だから、彼等が成人して社会人になってからも、付き合いはずっと続いていた。陽介が結婚したときなど、遠藤さんは身内のことのように祝った。

陽介は優秀な奴で、就いた仕事でも大きな仕事を任されたりしていた。

「また出張だよ！　今度はええと、外国だってよ！」

とボヤキながら出かけていったときの笑顔を妙に強く憶えている。

その出張先で、陽介は客死した。

交通事故死だった、と。そう聞いた。

陽介の突然の訃報に、最も大きな衝撃を受けたのは山下兄弟のお袋さんだった。

魂が抜けてしまったような、腑抜けたような、という表現がある。

お袋さんの受けた衝撃は正にそれで、謂《い》わば〈空っぽ〉になってしまったかのようだった。声を掛けても、慰めを言っても、ぼんやりするばかりだった。

日頃の陽気さは消え失せ、言葉も殆ど出てこない。憔悴《しょうすい》、という言葉だけでは表現し切れないほどの痛ましさに、遠藤さんは気心の知れていたはずのお袋さんに、どう触れていいかすら分からなくなった。

勝彦が、陽介の奥さんを伴って現地に向かうことになった。

「できれば遺体を連れて帰ってやりたいけど……色々難しくて。だから、現地で荼毘《だび》に付して、遺骨を持ち帰る形になった」

簡易的にでも、現地で一度弔ってからの火葬である。そこに兄として妻として、身内としてどうしても立ち会いたい、という。

遺体引き取りの手続きや現地での火葬、行って帰って一週間ほどの旅程となる。

「悪いんだけど、その間、お袋を看てやっていてくれないだろうか」

勝彦に言われるまでもなく、遠藤さんは慰撫《いぶ》役を引き受けるつもりでいた。

弟を亡くした今、兄の姿も視界から消えたらどれほど消沈し、どれほど取り乱すことだろうか。

遠藤さんは山下兄弟とは実の兄弟のように親しく育った。お袋さんにも随分世話になっている。三人目の息子だなんて言ってくれた。

だから、その役目は俺が果たそう。そう思った。

「大丈夫だ。お袋さんは俺に任せろよ。だから、陽介を連れて帰ってやってくれ」

店をやっている兼ね合いもあって、四六時中付きっきりという訳にこそいかなかったが、兄弟不在の一週間の間、遠藤さんは何くれとなく山下家を訪ねた。

おばちゃん、大丈夫か。

おばちゃん、もうじき帰ってくるよ。

おばちゃん、陽介を迎えてやんないとな。

どんな言葉を選んでも、それが支えになっているのかどうか掴めない。


勝彦と陽介の奥さんが帰国した日のこと。

「今、新宿駅に着いたよ」

と連絡があった頃、空は俄に掻き曇り、辺りは土砂降りの雨になった。

涙雨と呼ぶには、ちと量が多すぎやしまいか。

この一週間、ずっと呆けて過ごしたお袋さんの涙が、全て雨になったのかと思うばかりだった。

最寄り駅までお袋さんに付き添って、兄弟を出迎えた。

陽介は小さな骨壺一つくらいになっていたが、お袋さんは「陽介ぇ」と勝彦に駆け寄り、その手に抱かれた陽介の骨壺を撫で擦った。

一週間の間、感情が消えてしまったお袋さんの中に魂が戻ってきたかのようだった。

息子を慈しみ名を呼び嗚咽《おえつ》を上げる姿に、遠藤さんはもう一言も掛ける言葉が見当たらなかった。

三人目の息子のつもりと思って接し慰めたが、陽介の代わりになろうなど思い上がりではなかったか。本物の息子を喪くした穴など埋めようがあろうか。

それから本葬儀を終え、初七日も過ぎた頃のこと。

どうにか普段の暮らしに戻ってきたが、遠藤さんの脳内にはいつからか焼き付いて離れない言葉があった。

〈なんでこんなことになったんだ〉

仕事中に、家族と過ごしているときに、昼日中に、或いは夜更けに。

ふと気付くと、その言葉で頭がいっぱいになっているのだ。

家業である自分の店は順調である。贔屓《ひいき》の客は途切れることはなく、仕事に不満も懸念もない。

家庭も、人付き合いもこれといって問題もトラブルもない。日々の暮らしの中から陽介が消えてしまったことを除けば。

その言葉は、ずっと脳裏に浮かび続けた。

言うなれば後悔、言うなれば悔悟の念である。

一度それが浮かび始めると、もう心の中はそれで一杯になってしまう。その他の思考も思索も塗りつぶされ、他の全てが消え失せてしまう。

それは絶えることなく続いた。

暮らしの中の一瞬が、いきなりそれに切り取られるのである。

そしてそれは、いつしか言葉だけではなくなっていた。

真っ暗な空間。

そこに、陽介の顔が浮かぶ。

デスマスクというのかブラックマジックというのか、暗闇に顔だけが浮かんでいる。

悲しみも怒りもない、感情の抜け落ちた顔。

ふと、陽介を待つあの一週間の間に、お袋さんが見せていた〈何もかもが抜け落ちてしまった空っぽの顔〉を思い起こさせた。

〈なんでこんなことになったんだ〉

突然未来が奪われた陽介の心がそれであろうか。それとも、突然理由なく息子を喪ったお袋さんの気持ちがそれであろうか。

その悲しみが自分にも伝わってきたのだろうか。


ある夜のこと。

店休日に、近所で少し酒を飲んだ。明日も仕事がある。だから、ほどほどに控えたつもりだった。

自宅へ戻る途中、人通りのない夜道をとぼとぼ歩いていると、悔悟の念が不意に湧きだしてきた。

真っ暗な闇に、表情の抜け落ちた陽介の顔。

〈なんでこんなことになったんだ〉

繰り返されてきたそれが、やけにはっきりと浮かび上がる。

心の中に浮いているのか、道行く闇に浮いているのか、自分でも判別が付かない。

酔っているんだ。自分は今、酩酊しているのだ。

思った以上に酒が回っていて、それでこんなものを見ているんだ。

悔悟を繰り返す顔を振り払って、遠藤さんは自宅へと辿り着く。

着替えて床に潜り込んでも、尚、いつものそれが収まらない。

無理矢理目を閉じたところで、ぶつくさ何かを唱える声が聞こえていることに気付いた。

譫言《うわごと》のように何かを呟いている。

誰だ。誰の声だ。

虚ろな意識の中で、気付いたそれは——自分である。

身体も動いている。

自分の意思で動かしているのではなく、何かに動かされている。

呟く声に耳を傾ける。自分が喋っているはずなのに、意識を向けなければ意味を聞き取ることすらできない辺り、自分の身体が奪われているのではないか。

もぐもぐという呟きは次第に形を成していった。

曰く――。
「今なら、できる」
右手が宙に突き出される。
「今なら、できる。今なら、できる。今なら」
右手は宙を掻いている。何かを掴もうとしている。
何ができるんだ。何をしようというんだ。
右手が繰り返すのは、何かを掴んで、それを首に掛けようとする動作。
今ならそれができ、それをすれば楽になれる。
自殺――。
俺を連れていきたいのか？
俺の身体を使ってしようとしていたのは、それか？
陽介。

陽介に連れていかれそうになったあの夜、悲しみに区切りを付けた。
それから、陽介も悔悟の念も現れなくなった。
陽介には毎年手を合わせた。

本当は墓前に線香の一つも手向けたかったのだが、陽介の墓はなかった。

お袋さんは陽介を手放さなかった。納骨せず、ずっと家に遺骨を置いて慈しんだ。

それは何年も続いた。

そのうち、山下家で可愛がられていた猫達が死に、猫の骨壺が三つ増えた。

お袋さんは悲しみに暮れ、猫の骨壺も手放すことができなかったらしく、陽介の骨壺と猫の骨壺が並べられた。勝彦がそれを窘《たしな》めても、お袋さんはそれを離さないのだ。

その様子は流石に異様だった。

「おばちゃん、流石に息子と猫の骨壺を並べるのはどうかと思うよ」

遠藤さんは幾度となく諫言《かんげん》した。

「陽介のこと、そろそろお墓に入れてやってもいいんじゃないか」

「陽介を、あんな冷たくて寂しいところにおっぽり出せって言うのかい！」

お袋さんは、その都度酷い剣幕で怒り出すので、そのうち諦めた。

その後暫くお袋さんの顔を見る機会が途絶えていた。


七回忌の頃に勝彦にお袋さんの様子を訊ねると、

「やっと陽介の墓を建てたよ。だから……もう、大丈夫だ」

死者は悼み惜しむべきである。
が、何処かで棲み分けをしなければいけない。
悔悟と悲しみに苛《さいな》まれて、連れていかれてしまう前に。

幽霊屋敷

大人になっても廃屋大好き、という人がいる。

たぶん、そういう人は子供の頃から廃屋大好き人間だったのではないだろうか。

そして、殆どの場合子供、特に男子小学生は廃屋が大好きである。

何というか、廃屋にはロマンがあるからだ。

ゲームの世界に於けるダンジョンのような。

宝探しをしたら引き出しからコインが出てきそうな。

しかし、ガーディアンがそこを護っていて、レベルの低い勇者を近付けないような。

半分以上はおよそ子供の妄想に過ぎないのだが、そういう妄想を楽しむための絶好のスポットとして、廃屋にはロマンがある。

そして、大抵の場合そういう廃屋には不名誉極まりない渾名《あだな》が付けられている。

田尻が小学生の頃、町内に廃屋があった。

家なのか小屋なのか物置なのか、およそ判別が付かない酷さである。

建物の周りは草がぼうぼう、敷地にゴミが投げ込まれ、何やら異臭もしている。

瓦は落ちていて、雨戸もない。

隙間だらけで、〈ザ・あばらや〉という表現が一番しっくりくる。

錆びて穴だらけのトタンに覆われたそれを、近隣の小学生は〈幽霊屋敷〉と呼んでいた。

幽霊屋敷とは呼んでいないものの、近隣の大人達もその廃屋のことは知っていた。

その上で、子供達には「廃屋には近付かないように」と念押ししていた。

曰く、古釘や割れたガラスがある。だから危ない。

動物が棲み着いているかもしれない。だから危ない。

建物は相当古く、崩壊の可能性がある。だから危ない。

が、男子小学生という生き物は、大人が止めれば止めるほど、そこにありもしない〈隠された真意〉を読み取ろうとしてしまうものらしく。

「大人があれほど止めるからには、実は隠された財宝があるんじゃないか」

「いやいや、呪われた屋敷にラスボスが棲み着いているんじゃないか」

どちらもおよそありそうにないが、〈あったらいいな〉が〈あれば凄い〉〈きっとある〉に塗り替えられてしまうのも、子供の想像力の逞《たくま》しさの産物であろうか。

田尻も同級生同様、そういう男子小学生であったので、幽霊屋敷には興味津々だった。

心霊スポット的な何かを期待している訳ではないが、やはり男の子の血が滾《たぎ》るのである。

そこで、放課後に悪ガキ達とつるんで幽霊屋敷を探検しに行くことになった。

何処からでも入れそうではあったが、まずは偵察からであろう。

いるはずのない架空の敵を警戒しながら幽霊屋敷の外壁に取り付き、トタンの壁に開いた穴から屋内の様子を窺った。

屋内には当然、電灯のようなものはなかったが、外から日光が僅かに差し込んでいて、朧気ながら中の様子が見える。

中にあるのは、大部分が腐り落ちたガラクタばかりで、脳内で想像していたようなラスボスの間みたいなものは当然ない。

角度を変えて見ていくと、不意に枯れ木のような棒が視界に入った。

室内に木が生えているのかと思ったが、それは上から垂れ下がっているようだった。

棒が僅かに揺れていたからだ。

「……なんだ、あの棒……」

田尻は、腰を屈めて棒のぶら下がる先を見上げた。

棒ではなかった。

足である。

「ばばあだ！」

思わず口を衝いて出た。

老婆がぶら下がって、揺れている。

「ばばあの足がある！」

「えっ、見せろよ！」

同級生が田尻を押し退けてトタンの穴を覗いた。

「うわっ、本当だ！　ばばあが首を吊ってる！」

そう叫んで尻餅をついた。

後はもう、蜘蛛《くも》の子を散らすとは正にこれといった具合だった。

皆、口々に「ばばあが死んでる！　ばばあが死んでる！」と叫びながら、とにかく一目散に逃げ帰った。

だが、あれほど大騒ぎして逃げ帰ったのに、そこから先は何も起きなかった。

幽霊屋敷から死体が見つかっただの、自殺が見つかっただの、そういう町内を揺るがすような騒ぎには不思議とならなかったからだ。

救急車が呼ばれることも、交番からお巡りさんがやってくることも、ついぞなかった。

田尻が〈ばばあの足〉を目撃したのはそのときだけだったが、その後も他のクラスの奴、他の学年の奴、はたまた他の校区の見慣れない小学生達がやってきては、「幽霊屋敷のばばあ」を目撃している。

皆、異口同音に「たいへんだ！　ばばあが首を吊ってる！」と認識し大騒ぎしているので、田尻達以外にもあの〈ばばあの足〉は見えているのだろう。

しかしながら毎回小学生は結構な大騒ぎをし、目撃情報も一致しているのにも拘らず、やはり何故か大人達の間では騒ぎにならない。

そのことが一番不思議だった。

夢のまた夢

小さい子供は、神様と同じ。

或いは子供が小さいうちは精霊と明確な区別がない。

これは、日本を含むアジア各国に見られる民間信仰としては非常にポピュラーな概念なのだという。

曰く、幼児の存在は不確かでこの世に安定して定着していないだとか。

曰く、神と人の中間にあって悪霊に狙われやすいだとか。

曰く、神隠しに遭いやすいだとか。

そのため、成人前の幼い子供には穢れた名前や忌み名を付けて悪霊の目をごまかす、だとか。

そして、子供のうちは誰もがそうした〝感〟が強いのか、見なくてもいいものが見えてしまう、だとか。

湯島さんが幼い頃のこと。

幼稚園に上がる前くらいまで、一家は古い市営アパート住まいだった。

いつ建てられたのかは知らないが、湯島さんが生まれる前から一家はこのアパートに暮らしていた。だから、当時の湯島さんにとって家と言ったらこのアパートが全てだった。

玄関に台所があって、リビングとダイニングも一緒。その隣に寝室がある。

寝室というのか、布団を敷いて家族で寝るための部屋、というのか。

家族で御飯を食べて、テレビを見て、「寝なさい」と促されなくても自然に眠くなる。うとうとし始めると父か母のどちらかが、布団を敷いた部屋に運んでくれて、いつの間にか眠っている。そして、母の作る朝ご飯の匂いが香ってくるまでぐっすりと眠り込んで目を覚まさない。

そんな毎日だったが、ごくたまに、明け方に目が覚めてしまうことがあった。

父は寝息を立てていて、毎朝早起きする母すらもまだ眠っている。

部屋に明かりはないが、薄く開いたカーテンの隙間から覗く空の明るさで、夜明けが感じ取れた。

そんなときは決まって寝室の気配が一人分多かった。

ぎゅうぎゅうに敷かれた布団の隣に箪笥《たんす》があった。

その箪笥の隣に、男が座っている。

男の姿は、朝ぼらけのように青かった。

初めてそれを見たとき、父が早起きをしているのかと思った。

が、よくよく見ると父とは似ても似つかない。

母とも似ていない。

家族の誰とも似ていないから、家族ではない。

それから寝直して、母の朝食で目覚めた頃にはいなくなっている。

父か母の知り合いが泊まりにきたのだろうかとも思ったが、一言も話題に出てこない。

この市営アパートで暮らしている間、繰り返し何度も青い男を見た。

家族の話題に上がらないのだから、自分は寝惚けて夢を見ているのだと思った。


その後、湯島さん一家は念願の一軒家に引っ越した。

新しい家は二階建てで真新しい。

引っ越した直後は、何もないがらんどうの家の中で隠れんぼができるくらいだった。引っ越しの後片付けで家族は忙しく誰も見つけてはくれなかったが、市営アパートよりも断然広くて嬉しかった。

新しい家では、あの青い男を見ることはなくなった。

やはりあれは夢だったんだ、と思った。

ただ、新しい家では二階に上がる階段に男がいた。

青い男とは別人である。

青い男も箪笥の横に座っているだけだったが、階段の男はそこにぼんやり立っているだけで、特に何をするでもない。こちらを見ているのか、見えているのかも分からない。湯島さん一家に特に興味がある訳でもないのか、本当にただそこにいるだけ。

家の中に見知らぬ誰かがいるということになるのだが、やはり父も母もそのことには微塵も触れない。

ということは、これも夢なのだろう。

ただ、自分は寝ている訳ではなく、寝惚けている訳でもない。

起きたまま夢を見ている、なんてことがあるだろうか。

男は大抵そこにいたが階段昇降の邪魔になることはなく、家族も気にしていない様子だったので、湯島さんも「そういうもの」か、でなければこれも夢の一種だと考えて飲み込むことにした。

引っ越して暫くすると、湯島さんはとある夢を見るようになった。

これは、布団に入って眠っている間に見るほうの夢で、目覚めると布団の中にいたから、今度こそ夢で間違いない。

その夢の中では、母はいつも風呂場にいた。

その爪先は浴槽の縁より高いところにあって、風呂場の天井辺りに架けられた紐に首を掛けて揺れている。

母は首を吊っている。縊死《いし》している。自殺している。

ああ、母が死んでいる。

そう思ったところで目が覚める。

慌てて風呂場を確かめにいくのだが、当然母の姿はない。

母が紐を掛けていたであろう風呂場の天井を見上げてみるが、風呂場の天井はつるっとしていて、そもそも紐を掛けられる場所がない。

母は朗らかな人で自殺を考えているような様子はなかったし、家族の間に母が自殺に追い詰められるほど病むような大問題もなかった。

だが、夢の中の母は首を吊っている。

首を吊る母の夢は、これも青い男や階段の男と同じように、何度も何度も繰り返し見た。

夢で見る自殺した母の顔は真っ黒だった。

まるで母ではないようなのに、確かに母だった。
夢の中で宙に浮く爪先を見ながら湯島さんは思うのだ。
それでも、夢は夢。
目覚めれば何事もなく、何も起きない。

結論から言えば、湯島さんの母は今も健在である。
だから、母が死ぬ夢は本当にただの夢に過ぎなかった。
その後、実家の目の前にある鉄工所で、首吊り自殺をした作業員がいたことを知った。
「随分前の話らしいんだけど、厭ねえ」
聞きつけてきた母は、眉根を寄せて「気持ち悪いよね」などと呟く。
ということは、階段のところにいる男、あれがその自殺した人なんだろうか。
あれは夢ではなかったのだろうか。
市営アパートにいた青い男は、あれも夢ではなかったのだろうか。
ふと思い立って、市営アパートの話になった。
「そういえばさ。昔住んでた市営アパートに、男の人がいたことなかった？」
自分で話を振っておいて何だが、「何を馬鹿なことを言ってるの」と打ち消してほしかった。あれは子供の見た夢だったという確信が欲しかった。

が、母は言った。

「ああ、いたわね。箪笥の横にいた。何か青っぽい子でしょう。憶えてる。いたわねえ」

工場長

近所に自動車整備工場があった。

かっこいい自動車や、何に使うのか分からない工具がたくさんあって、自動車を整備している様子はまるで難しすぎるプラモデルを分解しているように見えた。

油塗《まみ》れでそれを弄《いじ》る工場長のおじさんは、何だかとてもかっこよかった。

下校途中にランドセルを背負ったまま整備工場の入り口から中を覗いていたら、工場長に叱られた。

「こら。そんなとこに突っ立ってると危ねえぞ」

工場長は、一頻り僕を叱った後、相好を崩した。

「何だ、坊主、おめえ、そんなに車が好きか。それなら、ちゃんと見せてやるから、こっちに来い。その代わり、俺がいいって言ったとき以外、勝手に車や工具に近付くな。本当に危ねえから。それが守れるなら、いつでも遊びに来ていいから。いいんだいいんだ、俺ア、この工場の社長だからな。社長で工場長の俺がいいって言ってんだからいいんだ」

工場長のお墨付きが出たので、僕は工場長が自動車を整備するときだけ、〈社会科見学〉

をさせてもらうことになった。

とは言っても、工場長は〈近所の車好きの子供が遊びに来ている〉くらいのつもりだったと思う。

工場を覗きに行くと、〈菓子食うか〉〈ジュース飲むか〉〈今度すげえ車がうちに来るぞ。見に来るか〉と何かと構ってくれるので、工場長のことも大好きだった。

ある日のこと。

いつものように整備工場に遊びに行くと、何だか様子がおかしかった。

工場の人達は元気がなく、肩を揺らして泣いている人もいた。

何だろ。変なの。

工場長は——いる。

工場の入り口のドアのところに立って、何か困ったような顔で笑っている。

いつもなら、「来たか、坊主。こっちこい」と声を掛けてくれるのに、今日は何も言ってこない。変だ。

ただならぬ様子に僕はちょっと狼狽えた。

いつもの見慣れた工場が、何だかとても場違いな場所に思えてきたからだ。

すると、顔馴染みの工場の人が僕のところにやってきて、膝を折って言った。

「いつも遊びに来てくれてた子だよな。あのな。もううちの工場長には会えないから」

会えないも何も、そこにいるのに。

「工場長、昨晩脳溢血《のういっけつ》で倒れて、死んじゃったんだ。たくさん働いて、やっと自分の工場を持てて、仕事もたくさん頼まれて、これからだってときだったのにな……だからもう、ここに来ても工場長はいないんだよ」

と言って、嗚咽で言葉が止まる。

僕は首を捻り、それから工場の入り口を指差して言った。

「何でそんな嘘吐くの？　工場長のおじちゃん、そこにいるじゃん」

工場長はさっきからずっと入り口のドアのところにいて、困ったような笑いを浮かべている。

だけど、工場の人達は気付かないらしい。

「えっ、何処に。工場長、いるの？　君、工場長見えるのか？」

言われている意味が分からない。

工場長はそこにいるのに、工場の人達には見えないらしい。

工場長がいなくなってしまって、その後工場がどうなったのかは知らない。

僕は工場長のいない工場には遊びに行けなくなってしまったので、工場長が今もあの工場の入り口に佇んでいるのかどうかも知らない。

親子の住む家

母は〈僕〉が中学生に上がる頃、父と離婚した。

理由は、父から逃れるためである。

父は母を殴り〈僕〉を殴った。

以前からそうだった訳ではないように思う。子供の頃には良い思い出もあったはずだ。

しかし父方の祖父が亡くなり、祖母もまた亡くなった頃には、父の様子はすっかり変わり果てていた。

祖父は父の実家で縊死《いし》した。

梁《はり》からぶら下がるその遺体を、祖母は罵りながら蹴り続けていたと聞く。

祖母が亡くなった後くらいから、祖母の狂気が父にも宿り始めたように思う。

罵りながら狂ったように家族を嬲《なぶ》る。

母は父の暴力に耐えたが、〈僕〉にそれが及ぶに至って腹を決めた。

もう、無理だ。

母が父に離婚を切り出したときの様子は分からないが、離婚届に判を捺させることはどうにか適った。

後はもう、父の気が変わらぬうちに、と思った。

取るものも取りあえず家を出、居を移す。

仕事をするにせよ何にせよ、住み処は必要だ。

しかし、離別した父にそれを嗅ぎつけられるような場所では困る。

母はどうにか思案した末に、「父から逃げ切れるような場所」に居を構えることにした。

中学生の〈僕〉は未だ、独り暮らしができるような境遇ではなかったし、父の元に残って殴られ続ける日々を送りたいとも思えなかったので、母に付いていった。

母と〈僕〉が新しい暮らしを始める町は、元の家から大分離れたとある市街の外れであるのだが、何と言うか〈凄いところ〉に来てしまった、と思った。

一言で言い表すなら、スラム。

一応の住み処らしきものがあるホームレスと、住み処があるのかどうかも怪しいホームレスが犇《ひし》めく。

町に踏み入ると、臭う。

それは路肩で蹲る酔っ払いの安酒の匂いであるかもしれない。

或いは、垢と雲脂《ふけ》に塗れた男の、いつから着ているのかも分からない作業着から漂う小便の臭いかもしれない。

そうかと思えば、虚空に向かって突然怒号を上げる男がいる。

それを窘める者はおらず、キィキィと嬌声を上げる老婆がいる。

いずれも声を掛けるつもりは毛頭ないが、男の頭のピンの外れ具合は父を思い出し、厭な気分になる。

夜中に女性が独り歩きできそうには思えない。

子供が昼間に独り歩きができるのかすら怪しい。中学生の〈僕〉は大丈夫だろうか。

路地を一つ曲がるたびに、有機物が黒い液体になるまで放置された挙げ句にできあがったような腐臭が漂ってくる。

近隣で独居老人の遺体が、誰も彼も忘れた頃になって見つかったりもするのだが、それがさして騒ぎにもならない。

それが町の日常だったからだ。自分がいつ野垂れ死に、どんな具合に発見されるのかは知れたものではないが、他人事でもない。

そんな、諦めで煮染められたような、人生の終着点のような町だった。

父から逃れるためとはいえ、母は何故、こんな町を選んだのだろうかと思って問うてみたが、住み始めるまで気付けなかったのだという。

父の暴力で精神的に追い詰められていて他の全てが視界に入らなくなっていたのかもしれないし、父との暮らしに比べれば他の全てが楽園に見えていたのかもしれない。

いずれにせよ、母もまた父の狂気に染まりかけていたのではないかと思うと、離婚と逃散の決断は、間一髪であったのかもしれない。


新居は、当然ながら新築などではない。

築年数も不明な二階建ての長屋である。

一階の玄関から入り、内部の専用階段を上って二階が繋がっている。今で言うメゾネット構造である。これと同じ構造の部屋が五軒連なって、一棟になる。

一階には台所、風呂、トイレなどの水回りと和室六畳が一間。

階段を上がって二階には、四畳半が一間と六畳がもう一間。

独り暮らしでは少し持て余すが、少人数の家族ならば足りる程度の広さである。

夜逃げに近い急な引っ越しだったこともあって、母も〈僕〉も荷物らしい荷物は殆どなかったから、何もない部屋は妙に広く感じられた。

カビ臭く、饐《す》えた臭いがしていたが、それでも路上に比べれば幾分ましだろう。

少なくとも、あの父がいないのだ。夜、怒鳴られ叩き起こされた挙げ句に殴られることもなく、存分に安心して眠れる。それだけで十分である。

ただ、入居後に気になることがあった。

一階の天井に、梁がある。

小屋裏のない二階の天井なら分かるが、一階である。

しかも、天井の中央辺りに渡されている。構造的に、何かを補強するためのものではないようなのだ。

黒々とした梁の、これまた中央辺り――部屋の中心近くに汚れがある。

汚れというか、積年の埃や黒ずみがそこだけ削れている。

強いて言えば、紐状の何かをそこに巻き付けて、強く力を掛けて擦った痕に見える。

強いて言えば、首吊り。

首を吊って死んだ父方の祖父のことが一瞬脳裏に浮かんだが、考えるのはやめた。


この家では、〈僕〉は個室を与えられた。

机の一つもなかったが、勉強部屋、子供部屋として、である。

二階の四畳半を貰い、そこを起居する場所と決めた。

母がどうにか手に入れてきた布団を押し入れから出し入れして、四畳半は〈僕〉が眠るためだけに使われた。

最初の夜は心底ぐっすり眠れた。

父に怯えずに済むというだけで、これほど心持ちが変わるものなのかと驚いたほどだ。

どん底のような町だが、本当にこの町に逃げてきてよかった、と思った。

そう思えたのは最初の夜だけだった。

翌晩からは、状況が変わった。

布団に潜り込んで幾らもしないうちに、手足が動かなくなる。

寝返り一つ、首も瞼も動かせなくなる。

重い何かにのし掛かられているのか、指先に至るまで微動だにしなくなる。

それでいて、すぐには眠ることができない。

意識は鮮明なままであるのに、身体の自由は奪われたままである。

いっそ気を失ってしまいたいと思ったが、そうすることすら自由にできない。

結果、殆ど休まることはなく、横になる前よりも疲労が増した。

寝不足かつ、疲れが抜けない。

それが何夜も続く。

一週間も経たず、〈僕〉は音を上げた。

母に願い出て、部屋を変えることにした。

教科書とカバンと布団を引き摺って、四畳半から隣の六畳間に移る。

きっと場所が悪いのだろう、と。

六畳間は、南側に洗濯物を干せるくらいのベランダがあった。ベランダに面したサッシの掃き出し窓から出入りできる構造だ。

ベランダの反対側、北側には押し入れと六畳間と内廊下を仕切る襖の出入り口。

そして、東西は壁。西側は四畳半と区切られており、東側は隣室がある。

東隣の入居者は物静かな人物だったようだ。

薄い壁の向こうからは衣擦れや、畳を踏んで歩く〈みしり〉という音は頻繁に聞こえていたから、人の出入りがあったことは間違いない。

しかし、畳を踏んで歩く音が聞こえるのに、話し声が聞こえたことがただの一度もない。

テレビやラジオの音すら聞こえなかったが、そんな贅沢品がないのは〈僕〉等の家も同じだったから、そこは気にはならなかった。

隣人と顔を合わせたことは一度もなかったが、生活サイクルが異なるのだろう。

御近所と親しくなりたい、という気持ちもあまり強くは持てなかったので、それ以上のことは気にしなかった。

寝床とする部屋を変えてみたものの、状況にあまり変化はなかった。

寝入り端には特に何事も起きない。

今日こそじっくり眠るぞと決心して、身体を楽にするだけで入眠する。

が、幾許《いくばく》もしないうちに目が覚め、冴えてしまう。

そして、案の定、身体は動かない。

布団の周囲を誰かが歩く音がする。

畳を裸足のすり足で歩く音。乾いた足裏が畳を擦る音。

そして、吐息。

身体を屈めたり、よろめいたりしたときに立てる、微かな音。

階段の踏み板を、〈たん、たん、たん〉と踏んで上ってくる足音が聞こえ、それは同じリズムのまま階段を下っていく。

明らかに、そこに誰かがいる。

人以外にあり得ない猛烈な存在感がある。

しかし、今この家には〈僕〉と母だけがいる。それ以外はいない。

客を招いてはいないし、招けるような親しい友人もまだいない。

家族の他は誰一人いてはいけない場所に、それ以外の誰かがいる。

しかし、何の姿も見えない。

そのことがこの上なく怖かったのだが、動けぬ身でできることはない。ただただ、音が静まり、身体が動くようになるまで、ひたすら耐えることしかできない。

母には相談できなかった。

突然の引っ越しでやっと引き当てた居場所である。薄気味悪いから今すぐ引っ越そうなど、母にはとても言えなかった。

ここはやっと逃げてきた場所で、今すぐ再び逃げられる当てもなければ金もない。

ここで耐えるしかないのだ。

だから、〈僕〉は耐えた。


程なくして、西隣に新しい住民が引っ越してきた。

新しい入居者は家族であるらしい。

引っ越しのときに見かけた様子では、父と母、それから幼い少女の三人暮らしのようだ。

どんな理由でこんな場末の部屋に暮らすことになったのか、と若干の興味を覚えたが、自分の境遇を棚に上げて詮索することでもないだろう、と思い直した。

一家は静かに暮らし始めたようだが、三日ほどで化けの皮が剥がれた。

西隣の隣家は、母親の様子が尋常ではないのだった。

母親は極度のヒステリー持ちであるようだった。その切っ掛けが何であるのかは分からないが、突然燃え上がる炎、驚くべき速さで爆発的に炎上する様子が窺えた。

母親は何が気に入らないのか、甲高い大声を上げて娘を詰《なじ》る。

娘の落ち度を叫び、娘を罵り、娘を嘲り、娘の一挙手一投足を否定した。

母親が娘に憎悪を振り向ける様子の全てが、薄い壁を通して漏れ伝わってくる。

今で言う毒親だったのだろうと思う。

娘は母親にどれほど詰られても、泣き出すことも言い返すこともなかった。

親の理不尽に耐える辛抱強い子供なのかもしれない。ほんの暫く前までの、父の暴力に絶えていた自分が娘と重なったが、そうではない、ということに気付くのにも然程時間は掛からなかった。

娘があまりにも母親に抵抗を見せないことに心痛めていたが、娘はもう、とうに壊れてしまっていた。

母親が娘をこうしてしまったのなら、怒りしか湧いてこない。

こんな娘をどう扱っていいか困惑しているうちに母親も壊れてしまったのだとするなら、哀れみしか湧いてこない。

引っ越してくる前からそうだったのか、越してきたからの僅かな時間で変わり果ててしまったのか、そこまでは壁を隔てた〈僕〉に分かるはずもない。だが、娘の様子が、頭がおかしいということは、壁を隔てていても分かった。

ただ、娘に向けて発せられた叱り散らすわめき声が、〈僕〉に向けられているかのように感じられたことが幾度かあった。娘の境遇への同情は、〈僕〉自身の境遇への同情であったかもしれない。

これでは、あまりに不憫極まりないではないか。

西隣からは、早朝になると読経が聞こえてくるようになった。

どうも一家は何らかの新興宗教に入信している様子で、鉦《かね》を打ち鳴らしながら唱えられるかなり熱の籠もった読経が、〈僕〉を眠りから引き摺り起こす。

その頃の〈僕〉はと言えば、毎晩、不審な気配とともに身体の自由を奪われることが続いていた。それが起きてしまうことにはもう抗えないので、せめて眠気に襲われて落ちるぎりぎりまで起きておくのだ。そして、一度寝たら朝まで起きないという睡眠サイクルで事態に対抗しようとしていた。

零時を回る深夜に寝て、できることなら朝七時前には起きるようにしていたのだが、西隣からの読経は朝五時きっかりに始まる。

そうなると、もう眠ることはできない。

安眠妨害による寝不足は積もりに積もっていった。

ただ、若干の期待はあった。

毎夜、〈僕〉の身体の自由を奪い、気配や足音を聞かせてくる何かに、信仰心篤い隣家の読経が効くのではないか、と思ったのだ。

異常に異常をぶつければ、対消滅してくれないものだろうか、と。

だが、そんな都合のいい話はなかった。

室内で起きる怪異は、寝てから始まるものだけでは収まらなくなった。

布団に潜るまでもなくはっきりと起きているときですら、怪異が起こり始めた。

ややもすると、視界の隅に影がちらつく。

それは、白い何か。物陰か人影かは判別が付かないのだが、視界の隅にそれがいる。

六畳間の出入り口である襖を開け閉《た》てするたび、人影が横切るようになった。

室内に誰とも何とも付かないものが出入りしているのである。

気にしたら負けだと耐えているものの、とてもではないが慣れるようなものではない。

結局、耐え切れなくなってきたので、再び寝床を移すことにした。

とはいえ、階下の母と一緒に寝てほしいなど、中学生にもなって〈僕〉の口から言えるはずもない。早朝、一階の台所で朝餉《あさげ》の支度をする母に、二階の部屋と代わってもらうのも無理だ。

仕方がないので、せめて寝場所を変えようと思った。

それまで北側の襖の付近に布団を敷いていた。この場所で困るのは、階段を歩く足音だ。〈たん、たん、たん〉という足音は、特に耳障りだった。

どうせ騒音も戒めも収まりはしないのだろうが、減らせる要素は一つでも減らしておきたかった。

布団をベランダ寄りに敷いた。

四畳半寄りにすると、西隣の一家からあの母親の怒声が聞こえてきそうで厭だったので、東隣の壁に寄せる。

東隣の隣人が静かであることが何よりの救いだった。

普段、仰向けに寝ているのだが、この日は布団を被って俯せになった。

姿勢を変えて寝てみたら、何か少しは変わるだろうかと思ったのだ。

夜半、目が覚めた。

手足が動く。身体も動く。

非常に珍しいことだが、身体に常の戒めがない。

いや、これが本来あるべき状態なのだろう。しかし、この家に越してきてからというもの、夜毎目覚めさせられては身体の動きを全て奪われた状態で、眠ることもままならずに放置されるという如何ともし難い事態が続いていた。

そのためか、夜半に起こされたのにも拘らず身体が動くことに違和感すら覚えた。

視線を巡らせてみる。

室内はぼんやりと明るかった。

電灯が照らす明かりとは違う。喩えるなら、満月の夜よりもう少し明るいくらい。

部屋の中を見渡せるくらいには明るい。

電灯を消し忘れて寝た、訳ではない。

だとするなら、もう夜が明けきって朝になってしまったか？

——寝過ごしたかもしれない！

そう思って飛び起きようとした。

身体は瞬く間に硬直していた。

俯せのまま、身動《みじろ》ぎ一つできなくなる。

見える範囲を見渡そうとしたところで、気付いた。

部屋が違う。

何というか、ここは〈僕〉の部屋ではない。

寝惚けて別の部屋に押し入ってしまったのでは、と疑った。

だが、眠りに就いたのは確かに自分の部屋だし、今こうして戒められているのも同じ部屋の中だ。

しかし、何かが違う。

部屋の間取りは同じ。

電灯も同じだろう。

違うのは、部屋の調度品だろうか。

箪笥、机、壁に掛けられたカレンダー、オーディオ、テレビ。

〈僕〉の部屋にはそうした家具の殆どが、そもそもなかった。

今室内にある調度品は、ただただ古い。

古びている、ということではない。物は古びておらず、新品とまではいかないまでも悪くない状態のものばかりだ。強いて言うならセンスが古くさい。

加えて、壁が新しい。黒ずんでも煤けてもおらず、脂《やに》臭さが染み込んだりもしていない。

ここは、〈僕〉の部屋ではない。そう思えた。

夢を見ているのかとも思ったが、意識ははっきりしている。ならば、これは現実か。自分は現実に見知らぬ部屋に上がり込んで眠っているというのか。

眼球を力の限り動かせば、ベランダも襖も視界に収まるだろうけれども、逆にそちらをあまり見たくなかった。

見たくないものを視界に収めないために、〈僕〉は目を閉じようとした。

〈たん、たん、たん〉

階段を上ってくる足音が聞こえた。

このときは、何故か〈母だ〉と期待した。夜半に母が二階へ上がってくることはなかったが、そうであってほしいという期待が慣例よりも上回った。

足音が止み、襖が開く。

入ってきたのは母ではなかった。

薄明るい室内で、はっきりそうと分かる。

それは少女である。歳の頃は、小学校の低学年くらいだろうか。

赤いジャンパースカートに、ショートボブ。時代が時代ならおかっぱ頭という奴だろう。

それこそ、小学校を探せば幾らでもいそうな、ごく普通の少女である。

安堵した。

だが、そんな〈ごく普通の少女〉が、こんな時間にこんな場所にいるはずがない。その違和感に気付くのに、数秒も要しなかった。

少女は室内に踏み入ると、〈僕〉の視界を横切った。

そして、北側の押し入れを開ける。

これが〈僕〉の部屋であるなら、そこには布団以外にはさして片付けるものがない。布団は今〈僕〉が使っているのだから、押し入れの中は空である。

そんなことは特に気にしていないのか、少女は押し入れの中にもぞもぞと入り込んだ。

上下二段に分かれた押し入れの上の段によじ上るのは難しいのか、四つん這いになって下段に入り込んだ。

そして、〈がりがり〉〈ごりごり〉と音を立てる。

噛み砕くとかそういった系統の音ではなく、木材を引っ掻くような音である。

ああ、と思い至った。

少女は絵を描いている。幼い頃に誰もが一度くらいは経験したことがあるのではないか。

押し入れを秘密基地に見立て、大人にバレないように落書きをする。暗号を書いてみたり、装飾のつもりで絵を描いてみたりする、アレだ。

そうそう。やったやった。そんで、あれは後で見つかって怒られるんだ。

思い出して、少しおかしみを感じた。

思い描いた作品に納得したのか、少女は再び手を突いて押し入れから這い出してきた。

『ごいっ《おぃっ》』

野太い男の声が聞こえた。怒り、苛立ち、そういったものを孕んだ不愉快な声掛けだ。

少女の身体がびくりと震え、動きを止める。

その目は大きく見開かれ、怯えの色が走る。

この目は知っている。

これは、近親者に向ける目ではない。

加虐に備える目だ。

これから彼女に何らかの〈教育〉か〈制裁〉か〈躾〉が下される。いや、そういった名目を付けて、ただ発散するためだけに殴る輩が現れるのだ。今から。ここに、だ。

ベランダ側のサッシが揺れる。

クレセント錠を下ろしてあったはずのサッシが、〈がらららららら〉と開く。

ベージュのスラックスに、黒い靴下。

動けないので上半身は分からないが、男ではあると思う。

苛ついているのか、癖なのか、爪先を細かく動かす様は見える。

『おま《おまえ》、なん《なに》ご《を》っし《して》ちょっ《いる》か！』

男は少女を罵倒している。

少女のささやかな悪戯は、ずっと見咎《みとが》められていたのだろう。

少女が押し入れに入ったところから気付いていただろうに、事を終えさせ、言い逃れができない証拠を手ずから作らせておいてから叱りつけるのだ。

少女は逃げることも、泣くことも、声を上げることも、そして男から目を逸らすことすらもできないでいる。すくみ上がって動けない。

男を見るのが怖かった。

自分の中に未だ残る、父の残像を見てしまうのが恐ろしかった。

男から目を逸らすと、怯える少女の姿が視界に入る。その姿には、父の暴力に耐えた母や自分自身が重なって見える。それも辛かった。

それでも、男を見るよりはましなので少女ばかりを見ていた。

いっそ目を瞑ってしまいたいのに、それだけはできなかった。

いつ果てるともなく続いていた男の判別不能ながなり声が、突然止んだ。
すくんで、耐えて、立ち尽くしていた少女に異変が起きる。
少女の首が、曲がる。
いけない。それ以上はいけない。
そうざわつく〈僕〉の願いをよそに首は曲がり続け、一回転した。
ねじ切れてしまう。
少女の眼窩《がんか》から眼球が押し出されてくる。
開いた顎から、変色した太い舌が捻り出されてくる。
ああ、首が。首がねじ切れてしまう。
〈僕〉の意識はそこで途絶えた。

目覚めたら、〈僕〉の部屋だった。
オーディオもテレビもなく、壁は汚く箪笥も机もない。
ならば昨晩見たあれは、誰の——いつの部屋だったんだろうか。
階下から母が〈僕〉を呼ぶ声がする。
サッシのクレセント錠は下りたまま、襖も押し入れも全て閉まっている。

夢、か。

階下に下りると、朝餉の支度を終えた母が〈僕〉に頻りに訊ねてくる。

〈何かあったか〉と。

朝方、煩《うるさ》かったよ。

呻いたりしてた。

サッシを開ける音が聞こえてたけど、何があったの。

また、何かあったの？

矢継ぎ早にそう問われた。

夢のつもりでいたのに。夢でいてほしかったのに。

あれは夢じゃなかったのか。

押し入れは閉まっている。

だが、ここを開けたら、あの首がもげた少女がいたりはしないだろうか。

いや、真っ昼間からそれはないか。

朝餉の後、逡巡しつつも押し入れを開けてみることにした。

空っぽ。

少女がいなくて、まずは安心した。

天井から吊された電灯の明かりは押し入れには届かないので、懐中電灯を持ち込んだ。

下段の天板に光を当てた。少女が何かを描いていた辺りだ。

四方を照らしてみると、天板の隅に油性ペンで落書きがされていた。

『し』

『ね』

しね。死ね、か。

取るものも取りあえず、押し入れに向かって手を合わせた。

台所から小分けしてきた塩を部屋に置いてみた。

が、あまり効果はなかった。

相も変わらず、足音が階段と廊下をうろうろするし、室内には気配が充満している。

しかも、身体は相変わらずきつく戒められて動けない。

ただ、あの男と少女は二度と現れなかった。

塩が利いているのか、押し入れの書き置きを見つけたせいか、少女の記憶を一度でも覗き見せられたせいなのかは分からない。

気配と物音と戒めが収まらないのだから、たぶん塩の効果ではないのだろう。

西隣に住んでいた新興宗教の一家は、程なく引っ越していった。

何があったか、どうしてなのか、そういうことは分からない。訊きもしなかったし、訊く気もない。

あの一家の母親が上げる金切り声が聞こえなくなった、もうそれだけでも〈僕〉の住環境は飛躍的に向上した。

相変わらず町は臭く、汚く、騒がしかったし、室内を彷徨《うろつ》く気配、物音、身体の自由を奪う戒めなどは続いていた。それでも、間近からの絶叫がなくなるだけで、こんなに変わるものなのか、と思った。

そういえば、あの物静かな東隣の隣人宅にも変化はあった。

警察がどやどやと入り込んでいたのを見かけたが、何があったのかは分からない。訊きもしなかったし、訊く気もなかったからだ。

〈僕〉はその後、社会人になるまでこの町で暮らした。

物音や気配、そして〈金縛り〉は〈僕〉の日常になっていたし、それを奇妙とも思わなくなっていた。今思えば、どうかしていた。

独り暮らしを始めるためにこの家を出るまで、それは続いた。

それでも、この家から、この町から抜け出すことができたのは幸いだった。

いつかの少女のように、取り残されてしまわずに済んで本当によかった。


この話は、実は随分昔に聞いたまましまい込まれていたものであるので、少々の補足が必要かもしれない。蛇足になってもいけないので、手短に記しておく。

母の名は「修子」。

〈僕〉の名は「圭一」。

二〇〇五年に拙書『「弩」怖い話2 Home Sweet Home』に「二郎の家」として書き下ろされた怪談の、その後の物語である。

六文銭の店

長年実話怪談を書いていると、「書けない話」というのが出てくることがある。

書けないと言っても、著者のスランプということではない。

これには幾つかのニュアンスがある。

よくあるのは、「体験談を托して下さった体験者が、書くことを禁じている話」というもの。大抵は、一度に様々な体験談を幾つもお伺いする中で、ふと思い出されてひとくさり語られたものの、

「——でも、これは書かないで下さい」

と釘を刺される。

理由は様々で、「詳しく語ると個人特定ができてしまう」「職場や身内に身バレしてしまう」などプライバシーに関わるから、というものが多い。

怪談著者にとって、体験者の意向の尊重と信頼関係構築は最も優先すべきところで、聞いてしまったからにはこちらのもの、という訳にはいかない。

だから、聞いたことは聞いたが、書く訳にはいかないから「書けない話」になる。

また別の「書けない話」としては、因縁がまだ生きている、というもの。書くと（或いは語ると）、その話を漏らした者や聞き取って書いた者、或いはそれを読んだ者に災禍が及ぶ。故に〈危険だから書かないで下さい〉と念を押される。

或いは、

「書いても構いませんが、どうなっても知りませんよ」

と突き放される。所謂、伝染系怪談に連なるものをお伺いすると、このように釘を刺されることがある。

著者当人が「これはやばい」と判断して書かない場合などもある。

その著者が、「本にすることは憚《はばか》られるが、人前で少し話すくらいなら」と禁を弛めて、トークライブやネット配信、或いはごくごく身内だけの飲み会の席であらましをうっかり語ってしまうことがある。

そうしたものは、「封印怪談」のように呼ばれているのではないだろうか。

これらとは別に、僕には「書けない話」というものがある。

単純に、僕の技量が足らなくて「この話を書くに足りる実力が伴わないので今はまだ書けません」とギブアップする場合。

これは、構造が非常に複雑な話や、ピースが大幅に不足している話、現在進行形でまだ事態が終わっていない長丁場の話などで、状況が見えてくるまで数年から十数年単位で寝かせてしまうこともある。

喩えるならワインカーヴにヴィンテージワインを寝かせるようなもの、といえば聞こえはいい。だが、腕を磨いて順繰りに世に出していかねばならない、僕の今世に於ける宿題だと思っている。

そして、こちらも理由はよく分からないのだが、僕には「話が頭に入ってこない怪談」というのが稀にある。

これまでに、様々な形で取材をしてきた。

ビデオカメラやレコーダーを回したり対話しながらメモを書いたり、メールやチャットで伺ったり、居酒屋やバーのカウンターで頭に酒が回った状態で聞かされ、酩酊と戦いながらコースターやオーダー用紙の裏にメモを書き殴ったり、というようなこともある。

そうして取材したものは、記憶がまだはっきりしているうちに直ちに要点を整理した記録用のメモに書き起こし、パソコン上にデータとして保存している。時間が経過すると自分の悪筆で書かれた手書きメモが、自分にも読めなくなるためである。

そうして書き始めようとメモを読むのだが、内容が頭に全く入ってこない。

本書に限らず、「超」怖い話や恐怖箱の巻末には、体験談をお寄せいただくＷｅｂページ上の体験談投稿フォームへリンクされたＱＲコードを用意している。

この投稿フォームを一度でも御覧いただいたことがある方なら覚えがあるかもしれないが、体験談を語る側も記憶を整理できるように、「誰が、いつ、何歳頃に、何処で、誰と、どういう状況で、何を体験したのか」などについて、要素毎に説明できるようなフォーマットになっている。

実はあれは、僕が取材のときのメモを整理するのと概ね同じフォーマットでもある。手元に書くものが何もないときなど、投稿フォームを取材時のメモ代わりに使ったりもする。

つまり、要点を見失わずに確認できる執筆用メモであるのだが、それを通して整理していても、本当に話が頭に入ってこないのである。

詳細な取材音声を聞いてもダメで、こうなってしまうとやはりお手上げなので、仕方なくカーヴに寝かせることになる。

枕が長くなって恐縮なのだが、このお話はつまりそういう経緯で書くのを諦めたまましまい込まれていたものである。

久しぶりにカーヴの奥から取り出してみたら、何とか書けそうな気がするので挑戦してみようと思う。

暫し、お付き合いいただきたい。

*

二〇二三年から遡ることちょうど十年前の二〇一三年。

拙書『「極」怖い話 地鎮災』に、千歳の円形マンションに纏わるお話を紹介させていただいた。

これは北海道に今も実在する特徴的なマンションに関する地歴を巡る怪異譚群である。その曰く付きのマンションが竣工する以前、その場所にあったという病院の係累の方から、病院時代の出来事などについて詳しくお伺いすることができたため、仔細を整理させていただいたもの。

もう十年も前の書籍なので流石に書店の店頭で見つけるのは難しいかもしれないが、アマゾンのキンドル・アンリミテッドで今も読むことができる。

というか、今から語るのはその円形マンション怪異譚のスピンオフに当たるものなので、おさらいの意味も含めて未読未見の方にはお奨めしておきたい。


円形マンションが竣工したのは一九九一年。

幾多の心霊的逸話、噂話の多いこの建物の敷地に、かつて病院が建っていたという。

その病院にもまた、数知れぬ因縁と〈そうした出来事に関する逸話〉が埋もれていた。

本作の語り部となる松山さんとその御一家がお住まいになっていた病院が存在していたのは、一九八一年まで。

病院の院長だった松山さんのお父上が急逝したことを受けて、病院は廃業、閉鎖され、上物は取り壊されて、更地になった土地は売りに出された。

病院跡地は程なく駐車場になり、それから十年の時を経て円形マンションが竣工した。

ここまでは、『地鎮災』で詳しく触れた。

時間を、松山さん一家が病院を離れて引っ越した辺りまで巻き戻したい。

＊

実家として暮らした病院を手放すに当たって、松山さんとその御家族は生活していくた

め の行く末を模索していた。

当時、松山さんは十歳。母上が四十歳である。松山さんには歳の離れた姉兄がいたが、残された子供のうち末子の松山さんだけがまだ未成年であった。

夫の急逝は想定外ではあったが、どうにか末の子が独り立ちできるようになるまでは、食べていかなければならない。

実を言うと、松山さんの母上は夫が存命のうちから新たに事業を興そうと考えていたようだった。観光地である北海道であるから、観光客向けに土産物として売れるような品物を開発できれば暮らし向きも安定するだろう。

そこで、元の病院からあまり離れすぎない同じ市内に、手頃な物件を探した。

急な話ではあったのだが、当時、生前の松山さんの父上が懇意にしていた指圧師から話を持ち掛けられた。

「いい物件があるんだが、買わないか？」

聞けば、繁華街の一角に建つ中古物件であるという。

指圧師の店の斜向《はすむ》かいにあるその物件は、一階を店舗として使うことができ上階には何室もの居室がある。店子として下宿人を入れることだってできるだろう。

数年ほど借り手もなかったので半ば廃屋のようなものだが、買うならリフォーム代を半分持つからどうだ、と。

随分気前のいい話であったのだが、確かに価格が格安だった。

大きな施設にほど近く、駐車場完備。表通りに面していて、人流の動線もいい。

手直しは必要だろうが、店舗として使えるなら居酒屋を開いてもよさそうだ。

それならば悪い話ではないか、と母上は購入を決めた。

ただ一つ、店の場所が気にはなった。

記憶が確かであるならば、この土地は元々、廃寺の敷地の一角ではなかったか。

そして、この物件の丑寅の方角に、廃業した元の病院——後の円形マンションの敷地がある。

気にはなる。なるが、もうここを買うと、そう決めた。


実際に足を運んでみると、建物の状態は正直良くはなかった。

確かに数年以上入居者がなく、半ば廃墟のようなものだとは聞いていたが、「廃墟のような」というのはかなり盛った表現で、実際には廃墟そのものだった。

積雪に耐える北海道の建築物だけあって駆体はしっかりしていたものの、建物二階は床が抜けている有様だった。二階の部屋から穴を覗くと、床ではなく一階が見えるほどだ。

同様に風呂場も床が抜けていた。二階の水回りを作り直すとなると費用が嵩みすぎるので、風呂を作り直すのは諦めた。

リフォームは何だかんだで高く付いた。

格安物件、という触れ込みは何だったのか。指圧師と銀行に言葉巧みに転がされ、夫から受け継いだ遺産の多くが吸い取られてしまったようにも思えた。

それでも、一九八一年の末までにはリフォームも終わり、何とか物件への入居が可能になった。

ひとまず、母上、末子の松山さん、歳の離れた兄、それに次姉の四人は、市内の別の家を自宅とした上で、母上が「居酒屋」に出勤する形にした。

居酒屋は夜の営業になるが、この辺りは昼間も人通りがある。

ならば、日中に営業しないのは勿体ない。

「だったら、俺に間借りさせてくれないか」

名乗りを上げたのは叔父である。この叔父は松山さんの母上の実弟に当たる。

市内で所帯を持っていたが、こちらも事業を広げたいということで、居酒屋の一角を改装してパーラーを開いた。

これで昼間はパーラー、夜は居酒屋、店は母上と叔父で回すという営業体制が確立できた。それを、兄も手伝ったりしていたようだ。

　また、居酒屋の二階には空き室が幾つもあった。

　床が抜けていた部屋もリフォームのときに穴を塞いで直しているので、一端《いっぱし》の部屋として利用できる。

　ならば、と下宿人を募ることにした。

　一九八二年から、空いている何室かに店子を入れた。

　繁華街に近く立地の便も悪くなかったので、入居希望者は割といた。

　いたのだが、下宿人はいずれもあまり長く居着かなかった。大体三カ月も保たず出ていってしまう。

　中には家財道具の一切合切を全て残したまま夜逃げや失踪してしまったケースもある。

　少し訳ありだったりする下宿人ともなると、そもそも保証人もいなかったり、いても単なる名義貸しで連絡など付かないことが殆どだ。

　大家とすれば敷金の分儲かるのだから、下宿人の頻繁な入れ替わりは店子の回転がいいと言えなくもないが、家財道具など残されたら処分に余計な費用が掛かる。

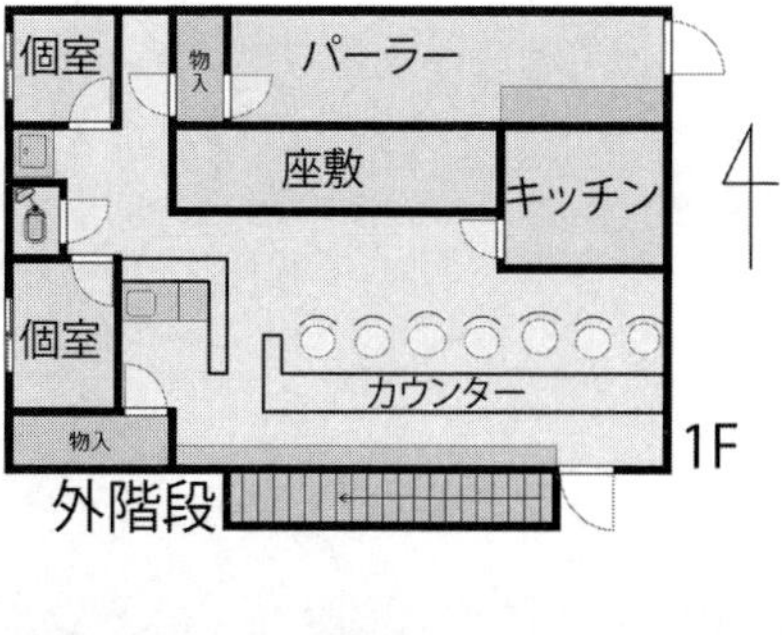

下宿人を入れ始めて暫く経った一九八三年頃、空き室に兄も住むようになった。

そのうち、下宿人から「薄気味が悪い」という苦情が出始めた。

「何かは分からない。分からないんだが、気配がする。いや、するような気がする。それで薄気味が悪いんだよ」

逃げずに退去する下宿人は、大抵同じようなことを言っていた。

誰もが不快感を訴えるのだが、どうにも要領を得ない。具体的な説明にはなっていない。

当初は何か家賃を踏み倒して逃げる輩に問題があるのかとも思っていた。しかし、家賃を滞納することもなく特に問題のない店子までもが、こぞって同じような理由で出ていってしまうことは不思議だった。

結果、部屋が空きがちになってきた。

空いた部屋が勿体ないということで、自宅にしていた家のほうは引き払って松山一家はこの居酒屋物件に家族全員が住み込むことにした。

母上、兄に次いで、松山さんと次姉が引っ越してきたのは一九八五年。

その頃、松山さんは中学一年生になっていた。

＊

松山さんも居酒屋の二階に部屋を貰った。

二年ほど早く住み始めていた兄は、末弟の荷物を運び込みながら言った。

「空いてる部屋ならどれ使ってもいいってよ」

二階には、のべ八室があった。

松山さんが描いてくれた見取り図に基づくと、AからHまで広さ大きさの異なる部屋が並んでいる。

なるほど、これなら下宿人を入れようというのも頷ける。

南西に位置する最も広い居室Aは母上が使っていた。亡くなった松山さんの父の仏壇もこの部屋に置かれている。

北西角の居室Bは次姉に当てられたが、次姉はこの物件に落ち着くことはなく、あまり姿を見かけない。

――もしかしたら、歴代の下宿人達が居着かなかったのと同じ理由だったのではないか、と思われたが、松山さんはそこには触れなかった。

松山さんの兄は、当初は南側中央、外階段を上ってすぐのところにあった居室Hを塒《ねぐら》と

していた。兄の入居当時、他の部屋は全て下宿人で埋まっていたからだ。

建物北側の居室C、D、東側のE、F、Gは、下宿人が出たり入ったりを繰り返していたが、松山さんが入居した頃にはもう下宿人は絶えていたため、兄は居室Hから居室Cに部屋を移した。

どの部屋を使ってもいいと言われて、松山さんは北側中央の居室Dを選んだ。取り立てて特別な理由はなく、空いている部屋の中では最も広かったから、というだけだ。

「結局、何で下宿の人達出ていっちゃったんだろうね」

「さあな。気配だとか物音だとか言ってたけど……」

「俺はこの上に何かいるんじゃないかと思うんだよね」

松山さんは〈上〉を気にした。

実は、この居酒屋は二階建て、ではない。

一階に居酒屋とパーラー。

二階は母や兄の居室、それと下宿人の部屋。

そして、三階がある。

一階から二階には外階段を通って上がってくるのだが、二階から三階に上がるには内階段を使う。

その階段の位置が少々分かりにくいのだ。

ちょうど兄が最初に住んでいた居室Hの裏手側に三階に上がる階段があり、その階段室の入り口にドアが付けられている。このドアのせいで一見して内階段が見えない。

だが三階は確かにある。

兄は天井を見上げて首を捻る。

「でも三階って、納戸しかないだろ」

「じゃあ、確かめてみようよ」

階段室のドアはいつも閉じていたが、別に施錠されている訳ではなかった。

階段室に明かりや窓はないが、開いたドアから差し込む光で内部の様子は分かる。

そこは文字通り階段しかない部屋だった。ドアを開けると三階にまっすぐ上っていく傾斜のきつい階段があった。

うっすらと埃の溜まった踏み板を、足元に気を付けながら一歩また一歩と上がっていく。

三階は照明もなく暗かった。

兄の話によれば、松山家が入居する前、三階は納戸として使われていたはずだという。

とはいえ、店で使う什器《じゅうき》の類も普段は一階にある分で十分足りるし、食品在庫の類をわざわざ三階まで上げる必要もないから、「納戸と認識してはいるものの、殆ど使っていない」というのが実態だった。

だが、気配というような曖昧なものではない、明確な何かが存在しているように松山さんには思えた。

何故なら、臭うのである。

古い家屋にありがちなカビ臭さとは違う。

何かもっと、饐えた臭い。有機物の匂い。

腐臭。尿臭、アルコール臭さ。

リフォームが住んで人の営みが長く続けられた二階より下では感じられない、打ち捨てられた裏町のような匂い。

階段を上がって左手に水回りらしきタイル張りの個室。

階段を右手に回って折り返し、三階の中央を東西に突きぬける廊下に沿って、北側に古びた扉が三つ並ぶ。同じく、廊下の南側には襖が二つ。

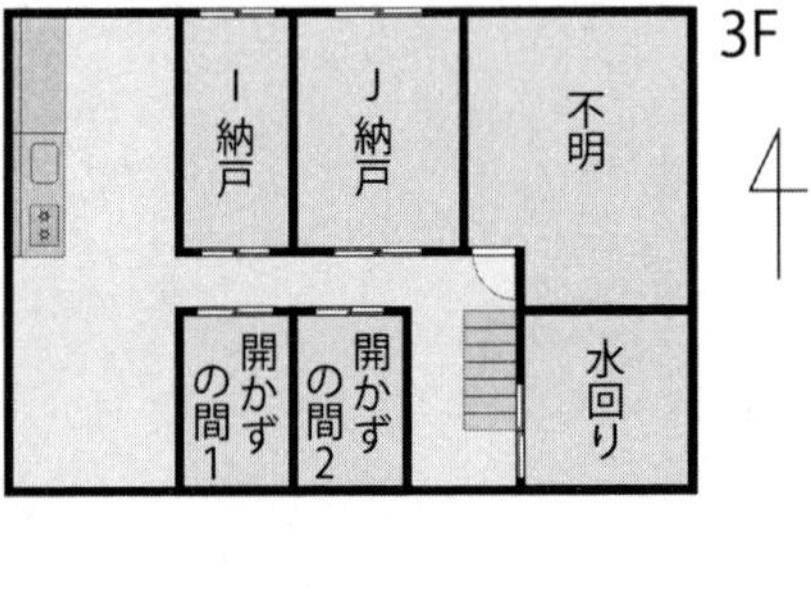

こちらは襖が柱に釘で打ち付けられている。
手を掛けようとすると、兄が止めた。
「そこは……使ってない。使わない部屋だから間違って開けないように釘を打ってある」
と、そこで匂いが一層濃厚になった。

気配——息遣い、衣擦れ、物音。
誰か、いる。
何かではなく、誰かがいる。
「誰だ。誰かいるのか」
兄が声を掛けながら、扉を開けていく。
すると、用具入れのような三畳ほどしかない小部屋が内側から開いた。
そこから——臭気と襤褸《ぼろ》の塊のようなものが、もぞり、と現れた。
暗がりで見えたそれを、松山さんは地獄の亡者か何かだと思った。
ぼさぼさに膨れ上がった雲脂だらけの髪に、ドブに落ちたような臭いが纏わり付く。
腐臭と尿臭は身体に巻き付けた襤褸布から湧き上がっていた。
浮浪者であった。

これは心霊現象の類ではなかったが、警察が呼ばれて大騒ぎになった。
三階にいつからか浮浪者が隠れ住んでいたのである。
もしかしたら、下宿人が居着かなかった原因もこの浮浪者かもしれない。
下宿人の出入りは二階の外階段からだったから、外階段を伝って人の出入りがあっても一階が営業していると気付けない。

それをうまく利用して、こっそり入り込んでいたのではないか、というのが警察の見立てである。

冬の北海道は野宿などしようものならたちどころに凍死してしまう。

だから、雨風を凌ぎたい一心で潜り込み、息を潜めて隠れ住んでいたのではないか、とのこと。不法侵入と不法滞在のかどで浮浪者は連れていかれた。

だが、浮浪者がいつから三階にいたのかが分からない。

少なくともリフォームの時点ではいなかったはずだから、それより後なのだろうが、浮浪者のさして広くない隠れ家に溜め込まれたゴミの量を鑑みれば、それほど最近とも思えない。下宿人が入れ替わり立ち替わり住んでいたのが三年間ほどだが、そのうちのいずれかから、ということになる。

それほど長期間に亘って見知らぬ誰かが家の中に入り込んでいたのに、誰も気付かなかったのである。

このことは随分驚かされたが、実は誰より驚いていたのは母上である。

何故なら、この居酒屋を買った当人である母上は、ここを二階建て物件だと思っていたからだ。

理由の一つに建物の外観がある。

表通り側から見ると、店のある一階と居室が並ぶ二階の窓があるのだが、三階に相当する階層には窓がない。このため、外から見ると二階建てに見える。

また、前述の通り三階に上る内階段の在処が非常に分かりにくい。

母上は二階の居室と一階の店を往復する生活で、三階と無縁だったから見落としていたのかもしれない。

だが、そうだろうか。

母上はリフォームに立ち会っており、恐らく図面も見ているはずだ。

彼女は三階の存在を知っていたはずなのにも拘らず、後年になっても「あの家に三階なんてあったっけ」と首を傾げていたという。

見えていないということではなく〈見えてはいても知覚の外に追いやられてしまう〉といった具合で認識の外にあったたか、でなければ意図的に記憶から消し去っていたのかもしれない。

少なくとも、松山さんと兄は三階があることを認識していた。

母と、そして次姉も三階の存在を認識していなかった。

さして大きい建物である訳でもない。にも拘らず、認識にギャップがある。

浮浪者の一件が、家族の間に認知の歪みとズレが存在することを気付かせた。

＊

斯くして浮浪者は追い出された。

釘打ちされた二室を除いて三階の各部屋は検《あらた》められ、元々松山家の持ち物であった若干の荷物、松山家の前に入居していた店が残した古道具の類は改めて〈納戸〉に納められた。

他の部屋に別の浮浪者が潜り込んでいないことが確かめられ、漸く平穏を取り戻した。

「これで問題は片付いたことだし、下宿人も戻ってくれれば御の字だよね」

三階が完全に無人になったので、改めて〈納戸〉として使うことにした。

ゴミを片付け部屋を拭き掃除し、換気する。

浮浪者の塒を片付け、饐えた臭いのする部屋を掃除するのに一日を要した。

翌日、納戸にしまう荷物を担いで三階に上がった。

暗い廊下に足を踏み出したところ、何か固形物を踏んでしまった。

強張っているが妙に弾力がある。

「おっと」

何だ？　と足元を見ると、小動物が転がっている。

それは鼠のようであった。

ただ、首がなかった。

首のない胴体の切断面は赤黒く固まっていた。

人の出入りはない。

今は下宿人はいないため、ここに出入りするのは身内だけである。

兄も松山さんも、まして母上にだって、こんなことをする理由がない。

掃除し忘れだろう、と思うことにした。

翌日、別の荷物を三階にしまおうとしたところ、今度は鳩が落ちていた。

やはり、首がなかった。

人為的なものなのか、肉食動物が食べ残しを持ち込んだのか、見当が付かなかった。

何度も小動物の死体を踏んで見つけるのが厭になって、松山さんもそれとなく三階を避けるようになった。

三階に上がらなければ瑕疵《かし》はないのかというと、そうとも言えなかった。

兄とは「物音と気配は浮浪者が棲み着いていたから」ということで納得している。だからもう気配も物音も今後はないから、三階を気にする必要はない。

にも拘らず、あの奇妙な気配は続いていた。

そこに何かが〈在る〉のは明らかなのだが、そうと知られぬよう必死に息を押し殺している。隠れんぼをする子供がそうするように、隠れても隠し切れない存在感が三階から階段室を通じて漏れ出ている。

その気配は遂に階段室を出たようだった。

二階の居室で寛《くつろ》いでいると、廊下に誰かがいる。

「誰？」

と出ると誰もいない。

襖を閉じると確かに廊下を這いずり回る〈何か〉の存在を気取ることができるのに、襖を開けると何もいない。


こんなこともあった。

夜半、松山さんは便意を覚えて用足しに立った。

この建物は一階にも便所があるが、それは居酒屋の客のためのもので、居住者用の便所は二階の母上の居室の隣にあった。

小振りの個室に水洗タンクが付いた和式の便器を跨《また》いで使うタイプのものだ。

入り口を背に、便座を跨いで唸っていると、件の気配を感じた。

便所の入り口、つまり松山さんが背にしている扉の向こう側は廊下である。

用足しのため背中が無防備であるというのは、何とも心許ない。

今はとにかく取り込み中であるので止めてほしい。

就寝中、風呂場で髪を洗うとき、性行為に及ぶときと並んで、人間が最も無防備になるのはやはり用足しの瞬間ではなかろうか。

だからもう、本当にやめてほしい。

そう願ったところで、要望を聞いてもらえる訳でもないのだが、そう願わずにはいられない。早く用を済ませてこの無防備な場所から出たい。

そう願って、〈フンッ〉と気張った。

その瞬間、出た。

顔が出た。

便所の個室の壁に顔が浮き上がってきた。

それは女の顔を象《かたど》っていた。

それが、気張った拍子に壁の中から、むりむりむり——と、ひり出されてきた。

「ふあっ」

声も出た。

この件を巡っては筆舌尽くし難い恐怖と羞恥と驚きがあったようで、その後のことについて松山さんはあまり多くを語っては下さらなかったので、そこは尊重して割愛する。

便所に女の顔が出た件については、体験したのは松山さんだけではなかった。

末弟が零す話に、兄も頷く。

「あー、俺も見たよ。便所の女だろ」

兄も厭そうな顔をしていたので互いに詳しくは語り合わなかったが、目撃したのは概ね同じもののようだ。

この〈便所の壁から出てくる女〉については、繰り返し目撃していたということなので一過性の現象ではなかったらしい。

＊

次第に箍《たが》が外れていったように感じられた。

ずっと放棄されていた廃墟だった。

下宿人が三カ月と居着かなかった。

契機となったのはやはり、隠れ住んでいた浮浪者を追い出した辺りからだろうか。

小動物の変死体が増え、彷徨く気配が濃厚になり、便所の壁からこんばんわ、ときた。

違和感や気配などという可愛げのある段階は既に通過してしまっているらしい。

そして、それは起きた。


ある晩のこと。

松山さんは二階にある自分の居室で布団を被っていた。

目を閉じているのだが、どうにも眠気が来ない。

母はまだ営業を続けているようで、兄も今日は出かけているようだ。

相変わらず下宿人の入居希望はない。

あまりにも入りが悪いのは、短期で次々に出ていってしまった人々が悪評でも流しているせいだろうか。

色々考えを巡らせてみても、中学生の松山さんには答え合わせはできないから妄想でしかない。

故に、今はっきりしていることは、この建物の二階には松山さん一人しかいない、という純然たる事実、それのみである。
ならば、これは何だ。
先ほどから聞こえてくる、この音は。
頭上から響いてくる、ギシギシというこの音は何だ。
これは足音である、と思った。
二階ではなく、三階に誰かがいる。
松山さんが横になっている場所からは若干離れたところを、誰かが歩いている。
浮浪者は追い立ててしまったから、三階は無人である。
これも確定している事実のはずだが、自信が揺らいできた。
二階から外階段に出る玄関ドアは施錠されている。
家族以外はそこを通れない。
では、この足音は。
便所の女が想起された。便所の外も歩き回っているのか、と。
だが、襖を開けて確かめる気にはなれなかった。
まして、今この時間このタイミングで、一人で三階を検めるなど無理だった。
だから、目を閉じた。

しかし視界を捨てるほどに聴覚が冴え渡った。

足音は先ほどより、より鮮明に聞こえているような気がする。

ギシ、ギシ、ギシ、ギシ。

歩幅は広くない。しかし歩みは非常にゆっくりである。

非常に受け入れ難いことではあったが、受け入れざるを得なかった。

足音は、少しずつ近付いてきていた。

松山さんの部屋の隅に一歩。

それから部屋の中央に向かってまた一歩。

松山さんの頭上まで来たところで、足音は止まった。

何者かが様子を窺っている。

そんな光景が脳裏に浮かぶが、目を開いてそれを確かめるのが厭だった。

もし目を開いて天井を見上げて、そこから女の顔がひり出されてきたら。そう思ったら布団を被って耐えるしか道はなかった。

――カコン。

床を踏んで板を軋《きし》ませる足音とは少し異なる音が聞こえた。

――カコ、カコン。

同様の音が続く。

何か硬いものを堅いものにぶつけたような。

それが何か想像も付かない。

が、音はそれっきり止んだ。


翌朝、昨晩の頭上からの音とその正体について、気にはなっていた。

辻褄が合わなくても、動物の死体でも転がっていたなら「きっとそうだ」と納得できる。

何事もなかったら、それはそれで「気のせいだ」と納得できる。

どちらでもいいから納得はしたかったのだが、無人の三階を一人で確かめにいくのが、どうしても怖かった。

そんな話を中学の同級生にしてみた。

「何だよ、ビビりだな」

「でも、お化け屋敷みたいじゃん」

友人達は無邪気に盛り上がっている。

「……やめろよ。俺はそこに住んでるんだよ」

「まあでも、それなら皆で見に行こうぜ。松山が今夜安心して眠れるようにな」

からかい半分、興味半分といったところだが、探検気分の友人三人が〈三階の確認〉に付き合ってくれることになった。

放課後。松山さんは友人達を連れて居酒屋の二階に戻った。

友人達はおっかなびっくり、或いは虚勢を張って騒いでいるが、これと言って異常を感じ取っていたりはしていないようだった。

「松山、三階って何処？」

「ここ二階建てじゃねえの？」

やはり三階を見つけられないというか、どうも気付きにくいらしい。

普通、上階があるなら階段は剥き出しになっているものだ。その先入観が、「扉付き階段室」を視界から消してしまうのかもしれない。

「やっぱ、分かりにくいか。こっちだよこっち」

ドアを開けて薄暗い階段に同級生を誘《いざな》う。

友人を先に立たせて、四人は恐る恐る階段を上る。

薄暗い廊下を歩く。

今のところ、首を切られた小動物の死体はないようだ。

「松山、おまえの部屋って何処？」

「廊下の北側かな」

「じゃあ、こっちが真上か」

友人の一人が無造作に扉を開けた。

薄暗い室内に殊更煌《きら》めくものがあった。

床にナイフ、フォーク、包丁などの類が、屹立《きつりつ》していた。

松山さんの脳裏に、昨晩のあの音が蘇る。

――カコン。

――カコ、カコン。

目の前にあるそれと、それが起きた瞬間の様子が全て繋がり、脳内で像を結んだ。

あの足音の主が、どういうつもりでそうしたのかまでは分からない。

だが、〈そいつ〉は渾身の力を込めて、その部屋にあった最も鋭いものを片っ端から投げた。激しく叩き付けた。

全て、松山さんの頭を、顔を狙い澄ました位置に。

「ま……マジかよ！」

扉を開けた友人が、仰け反って数歩下がった。

その瞬間。

——ガタン。ガタガタガタガタガタガタガタガタガタガタガタガタガタガタガタガタガタン。

廊下を挟んだ南側から、襖をこじ開けようとする音が響き渡った。

「うおっ、何！　今度は何！」

「やべえよ！　逃げろ！」

そう叫んで、松山さんは真っ先に階段を駆け下りた。

あの襖、あの部屋は使われていないはず。

そもそも襖は釘で打ち付けてあったのだ。誰も中には入れないはず。

だが、確かに襖を揺らす何かがいた。

そいつは、襖を内側からこじ開けようとしていた。

釘で打たれた襖の内側に、誰が。どうやって。

松山さんの思考は、キャパオーバーした。

そして、これが決定打になった。

＊

「昨夜、足音が聞こえたんだ」

それで、今日三階を確かめたら――。

兄と母上に報告した。

鼻で笑われるか、それともそのくらいのことでと窘《たしな》められるかとも思ったが、母上は笑わなかったし窘めもしなかった。

母上は、この店を買ってからの四年間、ずっと何も気付いていないかのように振る舞ってきたが、実はそうではなかった。二階を這いずる気配のことも、便所の女のことも勘付いて認識していたふうである。

彼女が最初の数年間、松山さんをここに住まわせなかったのも、「三階なんてあったっけ。この建物は二階建てでしょ」と松山兄弟とは認識にズレがある発言をしていたことも、全ては〈気付かないふり〉をしてみせていただけなのではないのか。

だが、松山さんが〈襲われた〉ことを以てして、母上の覚悟は決まったようだった。

「もう限界だね。ここは出よう」

自分だけなら耐えられた。しかし、末子に手出しをしてきたというなら、ここに留まることはリスクしかない。

下宿人達に取り立てて特別な能力はなかっただろうが、彼等は本能的に逃げたか、或いはここに居座っていた何かに追い立てられたのだろう。

もしかしたら、半年ほど暮らしていたのに家出したっきりここに戻ってこない次姉も、思うところがあったのかもしれない。

松山一家は四年間よく耐えたが、末子は一年が限界だったか。

「この家は、店ごと売ることにするわ」

「えっ、でも」

「いい、いい。命あっての物種だから。ここにこのまま住み続けてたら殺されてしまう」

そう言って母上は松山さんを見た。

母上ではない。兄ではない。次姉でもない。

殺されてしまうとしたら、それは自分なのだ。

そのことに気付かされた。


母上は近場に縁戚がなかった。

松山さんの父上は京都出身だったそうで、西日本に行けば父方の係累はいたかもしれない。ただ、母上は西へ行くことを拒んだ。

海を渡って北海道を去るというのはアリだ。しかし、西はダメだ。

父上の係累と顔を合わせるのが気まずかったから、ということももちろんあるのだろうが、それ以上に〈西へ行ってはダメなのではないか〉と強く思っていた。

日本国内ではダメだ。

海をもっと遠くまで超えて、この家から遠ざからなければ。

追いつかれないほど遠くに行かなければ。

母上は悩んだ末に、松山さんの長姉を頼る道を選んだ。

松山さんから見て歳の離れた長姉は、生前の父上の奨めでアメリカに留学中だった。

渡米後に現地の方と縁付いて市民権を得ており、恐らくもう日本には戻らないつもりであっただろう。

母上が長姉に連絡を取ったところ、返答があった。

「分かった。ただし、絶対に守ってほしいことがある」

長姉が出した条件は、松山さんを確実にアメリカに連れてくること、であった。

この下りを取材した折、実はそこが気になっていた。

こういった異常な体験、心霊体験の類というものは、信用されにくい。

実際に体験した当事者が筆舌の限りを尽くして実体験を訴えたとしても、その場に居あわせない人はおいそれと信じてくれない。

どうあっても信じさせるために注ぎ込む労力が莫大すぎるので、体験談を納得させるために労力を消費するのが徒労に思えてくる。

故に、体験談をあまり他人に漏らさない人は少なくない。

自慢げに言うことではもちろんないのだが、分かってもらいたい場面でも理解を拒絶されることのほうが多いのだ。それは肉親でも家族でも関係ない。

実際に自身も怪現象を体験している兄ならともかく、長姉はアメリカに長く住み、あの店には四年間で一度遊びに来たことがあったかどうかという程度。もちろん、あの建物で起きた怪現象の類は経験はしていないだろうし、何なら末弟達に起きていたことすら知らなかったはずだ。

そんな長姉が、松山さん一家の渡米の前提理由である〈超常的何かの攻撃〉を何故すんなり受け入れたのか。

「ああ、言ってませんでしたっけ。姉は僕より強いんですよ」

強い――〈そういう体質〉である、と。

そうと決めてからの母上の行動は速かった。

商売を畳む算段、家と店を売る算段などを進めつつ、渡米の準備を始めた。

母上は、渡米を一時的な避難ではなく、海を越えての恒久的な逃亡と位置づけていたようだ。夫から相続したはずの財産は殆ど残っておらず、事態の元凶でありつつ虎の子の財産でもある店を売り払って作る僅かな資金を三途の〈海〉の渡し賃として、どうにか追っ手を振り切らねば。

こうして松山さん一家はアメリカの市民権を手に入れるべく日本国籍を手放し、日本との——千歳のあの土地と、あの店との縁を完全に断ち切るべく旅立った。

*

松山さん一家の北海道脱出渡米計画は、第一陣として取り急ぎ松山さんと母上の二人が先行することになった。

今の時点で明確に狙われていると分かる松山さんを、まず真っ先に連れ出さねばならない。当時中学生の彼一人を送り出す訳にはいかないので、母上が付き添わねばならない。

パーラーを開いていた叔父は、日本に残った。

地元に家族がおり、そして叔父の家族が〈そういう事態〉をすんなり受け入れるとは思えなかった。家族を連れて動くことはできない以上、渡米は断念するほかない。

叔父があの店に居続けるのもあまりいい結果になるとは思えなかったので、パーラーも廃業することになった。

不動産の手続きから、店内に残してきた荷物の処分まで様々なことを兄が引き受け、それらの処分が全て片付いたら兄も渡米する、という手筈だ。

松山さんと母上がアメリカに発つ飛行機に搭乗した、その夜のこと。

先行して渡米する末弟と母上の後詰めを担当する兄は、見送りには行かなかった。母上が差配して家の処分を進めてはいたものの、残務処理は残っていたからだ。

末弟の部屋を片付け、母上が置いていった家財を片付け、店の什器なども逐次処分していかなければならない。今日明日ですぐに終わるという仕事量ではない。

今日のところはここまでにしておくか。

二階の兄の居室で一息入れ、ぼちぼち今日は店じまいにするか——と寛ごうとした。

そのとき。

——パァン！

突如、兄の部屋の襖が勢いよく開いた。

そして、何かが室内に投げ込まれてきた。

「な、何だ⁉」

畳の上に転がるそれは、皿や重箱、タンブラー、小鉢、ビールジョッキ……。

全て一階の居酒屋やパーラーで使われていた食器類だ。

全て、まだ一階に置かれたままになっているはずの食器類だ。

それが次々に兄の部屋の中に投げ込まれてくる。

それらは畳の上に転がり、或いは砕けて粉々になった。

目当ての末弟が不在であったせいか、怒りに任せて色々放り込んできたようだったが、幸い、ナイフや包丁など刃物の類が投げ込まれることはなかった。

言うまでもなく、家には兄一人しかいない。

他には誰も、いないのだ。

兄による松山家の残務整理は結局一年ほど掛かったが、どうにか諸作業を終えた兄もその後渡米した。

松山の名を継ぐものは、これであの土地からいなくなった。

＊

「……こうして、僕はアメリカ人になった訳です」

「なるほど……それでは、アメリカではこういった事象から逃れて平穏な暮らしを手に入れたんですか？」

「いや？　結構出てましたよ。アメリカでも」

「えっ。……じゃあ、全然逃げ切れてないじゃないですか！」

今は再び日本に戻ってきているという松山さんに、この〈つきまとう怪異〉について心当たりはあるのか、訊ねてみた。

「うーん。詳しいことは母と兄が知っていそうではあるんですが……二人とももう亡くなってしまったので、僕にも分からないんです。ただ、思いあたることはあります」

それは取り付き巻き付き、そして執念深くアメリカまで追いかけていった。

「蛇じゃないか、と」

病院の頃から何かと因縁があったものといえば、たぶんそれだろう、と。

そう簡単に諦めてくれるとは思えない。

故に、松山さんを巡る長大な怪異譚は、まだ終わっていないのではないか。

彼は——そして僕も、そう考えている。

〆書き

　早いもので、「親子の住む家」の元となった「二郎の家」が『「弩」怖い話2 Home Sweet Home』で初出してから十八年。「六文銭の店」の元となった「円形マンションについて」が『「極」怖い話 地鎮災』で初出してから十年。どちらも、僕の中では「つい最近とまでは言わないけど、ちょっと前に書いた話」という感覚なんですが、気づいたらちょっとじゃ済まないくらい時間が過ぎていました。そういえば地歴に関わる話を扱うとき、可能な限り現地に足を運びたいとは思っていますが、前回円形マンションの話をまとめたときには、航空写真や古地図が大活躍しました。今回は六文銭の店の執筆前確認で、グーグルマップが大変役立ちました。松山さんに再取材した折、「当時の場所は確かこのへんで」というやりとりをしたのですが、該当地の古いデータを遡って確認したところ、今は同じ敷地に建つホテルの駐車場になっている場所に、当時の廃屋物件の現物写真がまるっと残っていました。「うわ、まだあったのか」と驚いておられました。グーグル凄いな。

　さて、僕が右往左往しながら怪談を認《したた》めてきたこの十何年かの間に、実話怪談の世界では持ちネタ豊富、経験豊富な語り部が随分増えました。公募企画の充実やネットラジオ、動画サイトなど独自の露出機会が大幅に増えたことなども大きく、体験談を聞き集め実話怪談を語り継ぐ人々の層が分厚くなってきたことは、本当に頼もしく思います。

というのは、二十一世紀に入るまで実話怪談の世界は注目の新人が増える機会そのものがあまりなくて、僕がずっと最若手だったというか僕より下に若手がいない時期が長かったんですね。それもあって、実話怪談界の末席に座る僕の自己像はいつまで経っても「自分が一番下っ端」のつもりでいたんですが、気づいたら僕自身も結構いい歳になってきました。弔い、の何段階か前の話ではありますが、そろそろ終活を考える年齢……いや、待てよ。まだ早いか。でもいつ何時、何があるかなんて誰にも分かりませんからね。旅立ちのときに持っていけるのは六文銭だけ。貯め込んだネタ帳はあの世に持ち込み禁止です。

実際、これまでに抱え込んできて野辺送りできないでいるお話がまだ幾つもあることは確か。これらについては僕が存命のうち、まだ頭がしっかりしているうちに、そして執筆機会が続くうちに、茶毘に付していかねばなりません。『「弔」怖い話』ではそういった蔵出しものの扱いと新たに取材した話とが入り混じってくるでしょうが、まだもう暫くはそんなこんなで続けていこうかと思っています。

というわけで、次の機会にまた。

二〇二三年　ＧＷ明け　　加藤　一

★読者アンケートのお願い

本書のご感想をお寄せください。アンケートをお寄せいただきました方から抽選で10名様に図書カードを差し上げます。

（締切：2023年6月30日まで）

応募フォームはこちら

あなたの体験談をお待ちしています
http://www.chokowa.com/cgi/toukou/

「弔」怖い話 六文銭の店

2023年6月5日　初版第一刷発行

著者……加藤 一
カバーデザイン……橋元浩明（sowhat.Inc）

発行人……後藤明信
発行所……株式会社　竹書房
〒102-0075　東京都千代田区三番町8-1　三番町東急ビル6F
email: info@takeshobo.co.jp
http://www.takeshobo.co.jp
印刷・製本……中央精版印刷株式会社